교육평가

교육평가

서동기 · 엄재춘 · 조남미 · 정수애 · 조혜영 · 김회엽
홍지명 · 정두배 · 신봉호 · 전상준 공저

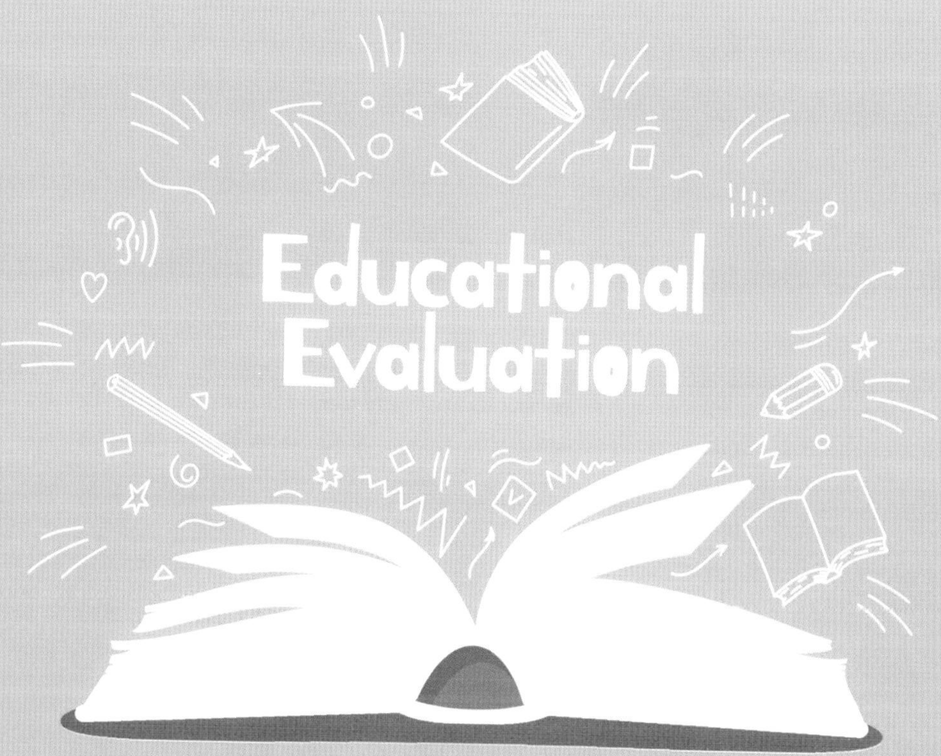

동 문 사

교육의 과정(process of education)은 일반적으로 교육목표 설정과 이를 달성하기 위한 교육과정(curriculum) 설계, 최적의 교수방법 개발 및 적용, 교육목표의 성취도 및 교수-학습의 효과성 검증, 교육평가 순으로 전개된다.

교육과정(process of education)의 각 단계는 교육적으로 의미가 있어야 한다. 이는 교육목표, 교육과정, 교육방법의 논리적 일관성을 의미한다. 교육적 의미와 논리적 일관성을 유지하기 위해 필요한 것이 바로 교육평가이다.

교육평가란 교육목표의 성취 정도나 교육과정의 효율성을 판단하기 위하여 학습자의 행동변화 및 학습과정에 관한 제반 정보를 수집하고, 이를 바탕으로 교육적 의사결정을 하거나 의사결정과정에 도움을 제공하는 것을 의미한다. 뿐만 아니라, 교육평가는 단지 성적이나 등급을 측정하는 단순한 활동이 아니라 전(全)교육과정에 대한 성공적인 교육지원체계로 이해해야 할 것이다.

대학교육현장에서 교육평가를 처음 접하는 학습자들이 어려워하는 이유를 생각해보면 학습자 입장에서 보는 평가의 관점과 교수자 입장에서 보는 평가의 관점이 다르기 때문인 것 같다. 또한 교육평가의 이론에 대한 이해가 부족하거나 정립되지 않은 부분도 있다고 본다. 따라서 교육평가를 잘 이해하고 학교현장에서 잘 적용하기 위해서는 교육평가에 대한 정확한 개념적 이해와 적용방법에 관한 역량을 키워야 할 것이다.

시대의 변화와 사회적 요구의 변화에 따라서 교육평가의 가치와 방법도 많은 변화를 보이고 있다. 따라서 최근의 교육평가 동향을 살펴보면, 측정방법 및 도구의 신뢰성과 객관성을 중시하는 평가활동에서 교육과정의 내용 및 방법의 타당성 · 유용성 · 공정성을 중시하는 방향으로 전환되고 있다. 또한 평가결과를 점수화 · 등급화 · 서열화하던 경향에서 학습과정을 중시하는 경향으로 변화하고 있다. 그리고 지나친 경쟁위주의 상대평가를 탈피하여 개인의 장점 및 특성을 파악하는데 중점을 두는 준거평가, 성장평가에 보다 많은 관심을 두고 있다. 뿐만 아니라 교육평가는 교원의 책무성을 제고시켜 교육의 효과 증대와 질적 개선으로 이어지고 있으며, 교육과정에 대한 평가와 더불어 학교기관평가 및 정책평가에 대한 관심도가 증가하고 있다. 이것은 교육평가의 영역과 내용이 확대 및 심화되는 경향으로 이어지고 있다.

따라서 집필진은 이러한 교육평가의 최근 동향에 맞추어 과정중심평가와 성취평가제에 관한 내용을 중심으로 구성하였으며, 특히 이 책의 마지막 장에는 교육평가의 이론을 실제 학교현장에 접목하기 위한 '평가문항의 실제'를 다루었다.

모든 집필진이 여러 차례 교정 작업을 거치고, 함께 고민하면서 좀 더 참신하면서도 쉽게 이해할 수 있는 교재를 만들고자 노력하였지만, 처음 의도한대로 되었는지 여전히 아쉬움이 많다. 이러한 아쉬움과 부족한 부분에 대해서는 독자 여러분의 애정 어린 질책과 조언에 귀 기울이면서 꾸준히 수정 · 보완해 나갈 생각이다.

이 책은 제1장 교육평가의 기초(서동기), 제2장 교육평가의 관점(조혜영), 제3장 교육목표의 이해(엄재춘), 제4장 교육평가의 모형(정두배), 제5장 교육평가의 유형(홍지명), 제6장 평가도구의 조건(김회엽), 제7장 평가문항의 유형(정수애), 제8장 평가결과의 처리(전상준), 제9장 정의적 영역의 평가(엄재춘), 제10장 지필평가와 수행평가(조남미), 제11장 과정중심평가와 성취평가제(신봉호), 제12장 평가의 실제(신봉호, 조남미, 전상준, 엄재춘)로 저자들이 책임 집필했다.

집필진은 이 책을 통하여 교원양성과정의 예비교사들이 교육평가에 대해 갖추어야 할 최소한의 기본 소양 습득과 실제적 활용 역량을 강화하는데 도움이 되기를 바라는 마음으로 집필하였다. 그리고 이 책이 학교현장 교사들의 교육평가에 관한 전문성을 제고하는데 조금이나마 도움이 되는 현장중심의 지침서가 되기를 바란다.

그동안 이 책이 나오기까지 한 문장 한 문장 어떻게 써내려갈까 노심초사하면서 많은 고민을 거듭해 온 집필진과 그 가족들의 보이지 않는 수고로움과 묵묵한 지원에 진심으로 감사드린다. 마지막으로 부족한 원고의 출판을 기꺼이 허락해주신 도서출판 동문사 이중수 대표님과 관계자 여러분께 이 자리를 빌어 다시 한 번 진심으로 감사드린다.

2019년 12월
광양에서 저자 대표
서동기

CONTENTS 차 례

CHAPTER 06 평가도구의 조건

CHAPTER 07 평가문항의 유형

CHAPTER 08 평가결과의 처리

CHAPTER 09 정의적 영역의 평가

CONTENTS 차 례

교육평가란 교육목표의 달성 정도나 교육과정의 효율성을 판단하기 위하여 학습자의 행동변화 및 학습과정에 관한 제반 정보를 수집하여 교육적 의사결정을 하는 데 도움을 주거나, 의사결정을 하는 과정을 의미한다. 이 장에서는 교육평가의 기초적인 내용인 교육평가의 개념, 교육평가의 목적과 기능, 교육평가의 영역, 교육평가의 순기능과 역기능, 교육평가의 최근 동향을 소개하고자 한다.

CHAPTER 01

교육평가의 기초

1 교육평가의 개념

평가를 영어로 표현하면 evaluation이다. Evaluation은 라틴어의 'exvalere'에서 유래한 것으로 밖으로의 뜻을 지닌 'e'와 가치를 뜻하는 'value'의 합성어이며, '교육활동이 지닌 내재적 가치를 겉으로 드러내어 판단하는 활동'을 의미한다. 가치를 판단하기 위한 교육평가의 대상은 교육목표, 교육내용, 교육방법, 학업성취도 등 교육활동과 관련한 다양한 내용들이 대상이 될 수 있다.

좁은 의미의 교육평가는 교육목표의 달성도를 평가하는 과정을 말하며, 넓은 의미의 교육평가는 학생의 교육목표 달성도 뿐만 아니라 교사의 학습지도방법 등을 평가하여 교육과정 자체와 교육의 사회적 공헌도까지 평가할 수 있다(권순달 외, 2016 재인용).

교육평가에 대한 일반인의 인식은 단지 교육현장에서 실시되는 각종 고사 및 입학시험에서 학습자 선발이나 분류를 위한 활동으로 국한해서 생각하는 경향이 있다. 이것은 단지 교육평가의 개념을 이해함에 있어 일부분에 지나지 않으며, 교육평가는 보다 넓은 의미로 이해해야 한다.

교육평가는 측정을 전제로 한다. 평가는 먼저 측정의 과정을 거치고 측정된 결과를 준거로 [잘 되었다], [잘못 되었다], [좋다], [나쁘다] 가치의 입장에서 논하는 것을 의미한다. 또한 초기에 달성하고자 하는 교육목표에 비추어 어느 정도나 달성되었는가를 판단하는 행위도 교육평가라고 할 수 있다.

평가(evaluation)는 측정(measurement), 검사(test), 사정(assessment) 등과 같은 다양한 용어와 함께 쓰이고 있기 때문에 교육 관계자들도 가끔 혼동을 일으키는 경우가 있다. 이들 개념 간의 관계를 정리하면 다음과 같다. 측정(measurement)이란 사물을 구분하기 위하여 규칙에 따라 수를 부여하는 절차이며, 도구나 장치를 이용하여 물체의 부피나 무게, 길이 등을 재는 것을 말한다. 검사(test)란 측정을 위한 척도이며, 행동의 증거를 수집하는 도구, 즉 측정도구라고 부르는 것이 일반적 견해이다. 사정(assessment)이란 다양한 측정결과를 통하여 한 개인이나 대상의 전체적인 모습을 조명하는 전인적 평가를 의미한다(김진규, 2014).

교육평가의 개념을 포괄적으로 표현하면 다음과 같다. 교육평가(educational evaluation)는 교육목적의 달성 정도를 판단하고, 일정한 기준을 가지고 교육활동의 효율성을 가늠하여 나타난 결과에 대한 가치를 판단하는 체계적인 과정을 의미한다. 이러한 의미에서 학자들은 교육평가를 다음과 같이 정의하였다.

첫째, 타일러(Tyler, 1949)는 교육평가를 '교육과정과 교수 프로그램에 비추어 교육목표가 얼마만큼 달성되었는가를 밝히는 과정'으로 정의하였다.

둘째, 크론바흐와 스터플빔(Cronbach & Stufflebeam, 1973)은 교육평가를 '교육과 관련된 의사결정을 내리는 데 필요한 정보를 수집하고 제공하는 활동'으로 정의하였다.

셋째, 비비(Beeby)는 교육평가를 '교육과정과 교육결과에 대한 기술과 해석이 아니라 그것을 바탕으로 하여 교육과정과 결과, 교육목적에 대해 가치판단을 내리는 것'이라고 정의하였다.

위의 교육평가에 대한 정의를 종합해 보면 다음과 같다. 교육평가는 교육목표의 달성 정도나 교육과정의 효율성을 판단하기 위하여 학습자의 행동변화 및 학습과정에 관한 제반 정보를 수집하고 이용함으로써 교육적 의사결정을 하는 데 도움을 주거나 더 나아가 의사결정을 하는 과정을 의미한다(전상준 외, 2018).

2 교육평가의 목적과 기능

교육평가를 어떻게 정의하느냐에 따라 평가의 목적이 달라지고, 평가의 목적이 다르면 평가의 기능도 달라진다. 왜냐하면 목적이 있는 곳에는 그것을 달성하기 위한 행위가 수반되고 그 행위를 기능이라고 하기 때문이다.

파킨슨(Parkinson)은 교육평가를 교수-학습과정에서 학생을 도울 수 있어야 하고, 학생의 장 · 단점을 확인하는 데 도움이 되어야 하며, 교사 자신의 교수-학습을 평가하는 데 도움이 되어야 한다고 하였다. 또한 학생, 학부모, 관련 당사자에게 학생 발전 및 성취에 관한 정보를 제공해야 한다고 하였다.

이처럼 교육평가는 학생들에게는 교육목표의 달성도를 파악하고, 이를 바탕으로 교사는 교육활동에 대한 자기반성적 자료를 획득해야 한다. 결국 교육평가의 궁극적인 목적은 교육과정과 교육계획을 개선하기 위함이다.

교육평가란 학습자의 행동변화 및 학습과정에 관한 정보를 수집 · 이용하여 교육적 의사결정을 내리는 데 도움을 주거나 의사결정을 하는 과정을 의미한다. 교육평가의 기능은 관점에 따라 여러 가지로 설명할 수 있겠지만, 교육평가 기능들을 요약하면 교육활동과 관련한 의사결정의 기능에 초점이 모아질 것이다. 이들 활동과 관련하여 교육평가가 지니고 있는 기능들을 살펴보면 다음과 같다.

첫째, 교육목표 달성도 파악이다. 교육평가의 주된 기능은 일정한 교육목표를 설정해 놓고 여러 가지 교육적 방법을 동원하고, 활동을 전개해서 얻어진 교육적 성과를 평가해 내는 데 있다. 다시 말해 교육평가는 교육목표의 달성도에 관한 증거와 정보를 수집하는 데 관심이 있다는 것이다.

둘째, 학습의 진단과 치료이다. 교육평가를 통해서 교육활동 내용과 관련한 출발점 행동 점검과 교육활동이 전개되는 과정에서 드러나거나 잠재되어 있는 제반 문제점들을 발견하여 그에 따른 조치를 함으로써 불필요한 시간과 노력, 경비과다지출 등을 사전에 예방하는 기능을 수행한다.

셋째, 학생의 진로지도를 위한 자료수집이다. 교육평가의 기능은 학생의 장래 진로지도를 위한 자료를 얻기 위해서도 필요하다. 학습자가 지닌 능력, 소질, 성격 등을 파악하여 그들이 지닌 능력이나 조건에 맞는 학습지도를 함으로써 학습자의 올바른 교육적 배치를 위한 자료를 제공하는 기능을 수행한다.

넷째, 학습촉진의 기능이다. 교육평가는 학습동기를 유발하는 기능을 가지고 있다. 왜냐하면 평가를 받음으로써 자신의 학습능력을 확인하고, 이를 통해서 자신의 결점을 보완하여 학습능력을 올리려는 동기가 유발되기 때문이다.

다섯째, 교수-학습과정의 평가이다. 교육평가의 가장 궁극적인 목적은 교수 및 학습과정을 개선하는 데 필요한 정보를 수집하는 것이다. 따라서 교육평가는 교수-학습이 진행되는 각 단계에서 그 과정이 효율적으로 이루어지고 있는지를 점검하고, 만약 비효율적으로 판단이 내려졌을 경우, 즉시 교수-학습방법의 개선을 위하여 어떤 조치를 가해야 할 것인가를 결정짓는 가치선택의 체제이다.

여섯째, 제반교육활동에 관한 효과 파악이다. 교육적 가치 창출을 위해 실시되는 각종 교육 프로그램과 관련하여 그와 같은 활동의 결과가 본래 의도하였던 효과를 거두었는지에 관한 판단의 준거를 얻기 위해 교육평가를 실시하기도 한다(구병두 외, 2015 재인용).

학교교육에서 학생평가의 의미는 교육목적의 달성 정도를 판단하고, 교육활동의 효율성을 진단하는 교육의 반성적·자각적 활동과정이라 할 수 있다. 학교교육에서 학생평가의 기능을 구체적으로 정리하면 다음과 같다(이병환, 2018 재인용).

첫째, 학생의 학업성취도를 평가하는 일이다. 교육이 목표지향적 활동이라면 교육에 의해 목표가 어느 정도 달성되고 있는지를 학생의 성취도를 확인하는데서 가능해진다. 교육목표의 성취란 결국 교육과정에서 명시한 목표가 학생의 행동으로 실현되는 상황을 의미한다. 그러므로 개개 학생이 교육목표를 어느 정도 성취하고 있는가를 평가하는 일은 학생평가의 중요한 영역이 된다. 이러한 목적의 평가를 위해서는 학교 수준별, 학년별, 교과영역별, 단원별 교육목표가 명료화되어야 하고, 목표가 학생의 행동으로 실현되었을 때 나타나는 행동의 특징을 구체화하는 일이 중요한 선행과제가 된다.

둘째, 개개인 학습자 또는 한 학급 전체가 직면하고 있는 학습 곤란도를 진단하는 일이다. 학생평가란 기본적으로 교육이 잘 되게 하기 위한 수단이라고 한다면, 평가활동은 교육의 과정이 부드럽게 진행될 수 있도록 돕는 역할을 담당한다. 교육의 과정이 부드럽고 원활하게 되려면 학생들이 교육을 받는 과정에 어려움을 느끼지 않는 조건이 요구되어야 한다.

셋째, 교육과정, 수업자료, 수업절차 그리고 학급조직 등의 교육적 효과성을 평가하는 일이다. 학생평가를 교육활동이 있은 후에 하는 것이라고 본다면, 결과는 교육 프로그램에 의해 생긴 것이 되고, 학업성취도의 결과는 교육 프로그램의 질을 나타내는 것이 된다. 이 관계가 완전한 상관관계는 아니지만, 교육 프로그램의 질적 수준이 교육성취도의 질적 수준을 의미한다는 것은 인정할 수 있다.

넷째, 교육의 여러 문제를 이해하고 건전한 교육정책 및 일반정책을 수립하는 데 도움을 줄 수 있도록 전체 학생집단의 교육 진도를 사정하는 역할을 한다. 전국적 평가 연구에서나 학력의 국제 비교와 같은 연구에서 시사되고 있는 바와 같이, 전체 학생 또는 전체 국민이 꼭 습득하고 있어야 할 기본적 능력을 어느 정도 소유하고 있는지를 확인함으로써, 교육정책의 방향과 대체 방침을 수립하는 데 도움을 줄 수 있다(박도순 외, 2012).

3 교육평가의 영역

교육평가의 영역을 살펴보면 다음과 같다.

첫째, 학습자 평가 영역이다. 학습자 평가 영역은 교육활동의 최종 목표가 학습자 개개인의 성장과 발달에 있기 때문에 평가대상 중 가장 중요시되고 우선적이다.

둘째, 교육활동의 평가 영역이다. 학습자의 성장과 발달을 촉진하기 위한 여러 가지 교육활동의 유효성 혹은 성공도에 따라 교육목표 달성 여부가 판가름 나기 때문이다.

셋째, 교육과정과 교사평가 영역이다. 교육과정은 교육활동의 내용을 직접적으로 규정하고 관여하는 요소이다. 교육과정은 실제적인 교육활동의 내용이 되는 교과서, 교사용 지도서 등의 내용과 규격, 색채, 모양 등을 학습자의 능력과 욕구, 흥미, 적성에 근거하여 평가한다. 교사평가는 지도방식, 내용 및 지도능력, 지도태도가 평가의 초점이 되며 나아가 교육관 및 가치관이 평가의 대상이 된다.

넷째, 학교 및 환경의 평가 영역이다. 학교 및 환경의 평가 영역은 학습자 개개인의 성장과 발달을 잠재적으로 규정하고 있는 학교의 사회적 풍토가 대상이 된다. 또한 학습자 집단, 교사 집단, 전 학교 집단도 평가 대상이다. 학교의 환경적 조건으로 평가의 대상이 될 수 있는 것은 학교의 제반 시설, 지역적 환경 등이 포함된다.

다섯째, 교육체제의 평가 영역이다. 교육체제의 평가 영역은 교육행정조직에 대한 평가와 학교교육의 위치와 기능에 대한 평가가 이에 속한다.

4 교육평가의 순기능과 역기능

1) 교육평가의 순기능

첫째, 진단적 기능이다. 이것은 평가의 대상이 되는 사람, 사물, 자료 등에 대해 상태를 사전에 파악하는 기능을 말한다. 마치 의사가 환자를 치료하기 위해 환자의 증상을 정확히 진단하듯이, 교육에서도 학생들을 잘 가르치려면 학습자의 특성을 사전에 파악해야 한다는 것이다.

둘째, 형성적 기능이다. 수업이 진행되는 과정에서 실시되는 형성평가의 결과는 학생들의 학습 진전에 대해 정확하고 의미 있는 정보를 제공하고, 이를 교수-학습과정에 피드백시킴으로써 결과적으로 학습활동이 효율적으로 이루어질 수 있도록 하는데 도움을 준다.

셋째, 총괄적 기능이다. 총괄평가의 결과에 의하여 학습자가 어느 정도의 지식, 능력, 기능을 갖추고 있는지 확인해서 합격 · 불합격, 자격의 유무 등을 최종적으로 판정한다. 또한 총합평가의 결과는 선발 · 분류 · 예언의 기능을 가지고 있다.

넷째, 동기유발의 기능이다. 어떤 특정한 목적을 달성하기 위한 수단으로 평가를 전략적으로 활용할 수 있다. 이때 학생평가의 내용과 방법 여하에 따라 학생들의 학습활동에 미치는 영향이 매우 크다. 예를 들어, 대학입학시험에 어떤 내용을 어떻게 출제하느냐에 따라서 고등학교 학생들의 학습 내용과 방법이 달라지는 현상이 그 좋은 예이다(이병환, 2018).

2) 교육평가의 역기능

첫째, 평가를 통하여 개인차를 변별하고 우열을 가려냄으로써 사람들 간

차별의 빌미를 제공한다는 점이다. 즉, 공부를 잘하는 학생과 못하는 학생, 우수아와 열등아, 합격자와 불합격자 등으로 분류되어 불필요한 차별과 낙인효과를 초래할 수도 있다.

둘째, 평가받는 사람들에게 과도한 경쟁을 유발시켜 긴장과 불안, 스트레스를 준다는 점이다. 아무리 사소한 평가라도 다른 사람들로부터 일단 평가를 받게 되면 신경이 쓰이고 긴장하게 되는 것이 인간의 심리이다. 적정 수준의 경쟁심은 동기유발의 효과가 있으나, 지나친 배타적 경쟁을 조장하는 시험이 계속될 경우 학생들은 시험에 대한 불안감이나 공포감이 조성되어 정신건강을 해치게 된다.

셋째, 평가는 부당한 간섭과 통제로 작용할 수 있다는 점이다. 어떤 외부의 힘에 의해 평가의 질적 관리 기능이 지나치게 강조될 경우, 평가를 받는 내부의 사람들은 사기가 저하되고 자율성이 침해받을 수 있다. 누군가로부터 평가를 받고 있다는 사실 자체만으로도 평가받는 사람의 입장에서는 행동의 자율성이 제한되고 통제받는다는 느낌을 갖게 되는 것이다.

넷째, 평가의 전략적 기능을 지나치게 강화하다 보면 본말이 전도될 수도 있다는 점이다. 자칫 잘못하면 본래 의도한 동기유발의 기능은 약화되고 전략적 기능 자체가 목적이 되는 수가 있는 경우이다. 예를 들어, 교육을 위한 수단으로 실시되던 시험이 차츰 시험 여하에 따라 교육이 좌우되는 현상을 우리는 주위에서 얼마든지 찾아볼 수 있다. 또한 학교교육의 질적 수준을 높이고 책무성을 제고하기 위하여 학교평가제도를 도입하였으나, 오히려 이 제도가 비교육적이며 경쟁을 유발하는 역효과를 가져왔다(이종승, 2011).

5 교육평가의 최근 동향

1970년대에 들어서면서 객관성을 강조하고 수량적인 방법을 따르던 전통적 교육평가의 접근 방식에 대한 비판적 견해가 일기 시작했다. 전통적 교육평가의 논리는 교육의 목표를 사전에 명세화하고, 관련 변인을 조작하여 통제하며, 수량적 자료를 수집하고, 그 자료를 통계적 처리를 거쳐 결과를 기계적으로 해석하는 방식이었다. 그러나 복잡한 교육 상황을 인위적으로 단순화시켜 통제하거나, 객관성이라는 원칙을 내세워 평가에 참여하고 있는 사람들의 개인적인 판단과 영향을 무시하였다. 이러한 비판을 제기하는 사람들은 교육평가 분야에서 다양한 대안들을 제시하였다. 배호순(2008)은 교육평가의 최근 동향을 다음과 같이 제시하고 있다.

첫째, 이미 정해 놓은 교육목표를 중심으로 한 목표달성도를 확인하는데 초점을 두던 평가적 접근이 실제로 경험하고 변화한 점을 포함한 의도하지 않은 '탈목표' 교육효과까지 평가해야 한다는 실용주의적 접근 방법으로 전환되고 있다.

둘째, 측정 방법 및 도구의 신뢰성과 객관성을 중시하던 평가활동으로부터 교육과정의 내용 및 방법의 타당성, 유용성, 공정성을 중시하는 방향으로 전환되고 있다.

셋째, 평가결과를 점수화, 등급화, 서열화하던 경향으로부터 학습과정 및 결과를 중심으로 학습자의 특성, 변화를 기술하고 그에 입각한 판단 및 결정을 중시하는 방향으로 전환되고 있다.

넷째, 암기위주의 단편적인 지식 중심의 학습평가로부터 다양한 과제를 부여하여 고등정신능력 위주의 종합적이고 총체적인 변화를 중시하는 평가로 전환되고 있다.

다섯째, 지나친 경쟁위주의 상대평가로부터 탈피하여 개인의 장점 및 특성을 파악하는데 중점을 두는 능력참조평가, 성장참조평가에 보다 많은 관심을 두는 변화가 일어나고 있다.

여섯째, 기계적이고 단순한 도구 및 방법에 의존하던 평가로부터 다양한 방법 및 도구의 사용과 교사의 관찰 및 판단에 의존하는 평가로 전환되고 있다.

일곱째, 학습활동 종료 후의 총괄평가만을 중시하던 것으로부터 교수-학습과정에서 실제적인 평가에 대한 관심도가 증가되고 있다.

여덟째, 학업성취도검사중심의 단순한 서열화 및 등급화를 중시하는 사정 및 측정활동을 강조하던 관행으로부터 탈피하여 교사의 종합적인 판단을 중시하는 평가에 대한 관심도가 증가되고 있다.

그리고 학생의 학업성취도평가만을 중시하던 형태에서 탈피하여 교원의 책무성을 제고시켜 교육의 효과 증대와 질적 개선을 기하기 위하여 교육과정평가와 더불어 학교기관평가 및 정책평가에 대한 관심도가 증가하고 있어 교육평가의 영역 및 내용이 확대되며 심화되고 있는 경향이 나타나고 있다(권순달 외, 2016 재인용).

연습문제

01 교육평가의 개념에 대해 설명하시오.

02 사물을 구분하기 위하여 규칙에 따라 수를 부여하는 절차이며, 도구나 장치를 이용하여 물체의 부피나 무게, 길이 등을 재는 것을 의미하는 것은?

① 평가 ② 측정 ③ 검사 ④ 사정 ⑤ 척도

03 교육평가의 영역이 아닌 것은?

① 교육과정 영역
② 학습자평가 영역
③ 학교 및 환경평가 영역
④ 교육체제의 평가 영역
⑤ 프로그램평가 영역

04 교육평가의 순기능에 대해여 설명하시오.

05 교육평가의 역기능에 해당하는 것은?

① 개개 학생의 학업성취도를 평가하는 일
② 개개인 학습자 또는 한 학급 전체가 직면하고 있는 학습 곤란도를 진단
③ 평가를 통하여 개인차를 변별하고 우열을 가려냄으로써 사람들 간 차별의 빌미를 제공한다는 점
④ 교육과정, 수업자료, 수업절차 그리고 학급조직 등의 교육적 효과성을 평가
⑤ 교육의 여러 문제를 이해하고 건전한 교육정책 및 일반정책을 수립

06 교육평가의 최근 동향에 대해 설명하시오.

07 교육평가가 지니고 있는 기능이 아닌 것은?

① 교육목표 달성도 파악
② 학습의 진단과 치료
③ 학생의 진로지도를 위한 자료수집
④ 교육정책 파악
⑤ 학습촉진의 기능

정답

01 교육평가는 교육목표의 달성 정도나 교육과정의 효율성을 판단하기 위하여, 학습자의 교육평가는 교육목표의 달성 정도나 교육과정의 효율성을 판단하기 위하여, 학습자의 행동변화 및 학습과정에 관한 제반 정보를 수집하고 이용함으로써 교육적 의사결정을 하는 데 도움을 주거나 더 나아가 의사결정을 하는 과정을 의미

02 ②

03 ⑤

04 첫째, 진단적 기능, 둘째, 형성적 기능, 셋째, 총괄적 기능, 넷째, 동기유발의 기능

05 ③

06 학생의 학업성취도 평가만을 중시하던 형태에서 탈피하여 교원의 책무성을 제고시켜 교육의 효과 증대와 질적 개선을 기하기 위하여 교육과정평가와 더불어 학교기관평가 및 정책평가에 대한 관심도가 증가하고 있어 교육평가의 영역 및 내용이 확대되며 심화되고 있는 경향이 나타나고 있다.

07 ④

교육평가는 교육목표를 측정하는 단순한 과정이 아니라 그 이상의 의미를 갖는다. 황정규(2000)는 교육평가를 학습자의 행동변화 및 학습과정에 관한 정보를 수집하여 교수 프로그램에 관한 의사결정하는 과정 그 자체라고 정의하였다. 교육적 활동에 있어서 무엇을 어떻게 그리고 왜 평가하는가에 대한 문제는 평가자가 어떠한 교육관을 가지고 있는가에 대한 물음과 밀접한 관련이 있다. 또한 교육평가의 성격과 방향을 결정하는 중요한 요소이다. 이 장에서는 교육을 바라보는 관점과 교육을 통한 인간행동의 변화정도를 측정하는 교육관과 평가관을 실펴보고자 한다.

CHAPTER

02

교육평가의 관점

1 교육관

교육관은 교육을 보는 하나의 관점을 의미한다. 어떻게 평가하는가에 대한 문제는 어떤 교육관을 갖고 있는가에 대한 물음과도 밀접하다. 즉, 교육관의 변화는 평가의 목적과 방법 등에 영향을 준다. 이 장에서는 교육관을 교육평가와 관련하여 크게 선발적 교육관과 발달적 교육관으로 구분하여 살펴보고자 한다.

1) 선발적 교육관

선발적 교육관은 교육을 통하여 달성하고자 하는 교육목표나 수준에 도달할 수 있는 사람은 어떠한 교육방법을 동원하더라도 다수 중 일부이거나 소수에 지나지 않는다는 신념을 가진 교육관이다. 또한 교육을 통한 인간 행동의 변화 가능성에 대해 부정적이다. 즉, 일정한 교육수준이나 교육목표를 달성할 가능성이 있는 소수의 우수자를 사전에 선발하기 위한 평가에 초점을 맞추고, 일정한 학습 후에 더 많은 학업성취를 이룬 학생을 선별하는 개인차 변별에 관심을 갖는다.

선발적 교육관의 기본가정, 교육에 대한 책임소재, 주요 평가대상, 검사관, 적용되는 평가 유형 등을 살펴보면 다음과 같다.

첫째, 선발적 교육관은 특정 소수의 학습자만 교육을 받을 수 있는 능력이 있다고 가정한다. 즉, 능력이 우수한 학습자와 열등한 학습자로 구분하고 교육에 의한 모든 학생의 변화는 한계가 있다고 본다.

둘째, 선발적 교육관은 교육의 성과에 대한 책임소재를 일차적으로 학습자에게 둔다. 아무리 우수한 교육을 하더라도 목표를 달성하는 학생은 소수이기에 목표를 달성하고 못하고는 학습자에게 달려있다는 논리이다(최철용 외, 2014).

셋째, 선발적 교육관은 학습자의 개별 특성을 주요 평가 대상으로 본다.

넷째, 선발적 교육관의 검사관은 측정관과 밀접하다.

다섯째, 선발적 교육관은 교육성과에 따라 학생들의 순위를 결정하고, 일정한 교육목표에 도달한 소수의 학생을 선발하기 위한 규준지향평가(상대평가)에 적합하다.

여섯째, 선발적 교육관의 학습자 분포는 정적 분포를 이룬다.

2) 발달적 교육관

발달적 교육관은 모든 학습자에게 적절한 교수-학습의 방법만 제시하면 누구든지 주어진 교육목표에 도달할 수 있다는 신념을 가진 교육관이다. 또한 교육을 통한 인간의 긍정적인 행동변화의 가능성을 인정한다. 즉, 모든 학생들에게 의도한 바의 수업목표를 달성할 수 있도록 적절한 학습기회와 학습방법을 제공하여 주어진 수업목표를 얼마나 달성하였는지에 대한 평가에 관심을 갖는다.

발달적 교육관의 기본가정, 교육에 대한 책임소재, 주요 평가대상, 검사관, 적용되는 평가 유형 등을 살펴보면 다음과 같다.

첫째, 발달적 교육관은 모든 학습자는 교육을 통해 목표를 달성할 능력을 가지고 있다고 가정한다. 즉, 학생은 현실성보다는 가능성이 크고 주어진 조건보다는 개발될 수 있는 잠재 가능성이 무한하다고 보며, 교육을 통한 긍정적 변화가 가능하다고 본다(전상준 외, 2018).

둘째, 발달적 교육관은 교육의 성과에 대한 책임을 학생보다는 제대로된 교수방법을 제시하지 못한 교사에게 책임을 둔다.

셋째, 발달적 교육관은 교수방법과 목표달성에 대한 교수-학습방법을 주요 평가 대상으로 본다. 지속적으로 목표달성을 위해 평가하고 최적의 교수-학습방법을 찾기 위해 노력한다.

넷째, 발달적 교육관의 검사관은 평가관과 밀접하다.

다섯째, 발달적 교육관은 교수-학습을 돕기 위한 일정한 목표점을 준거로 삼고 주어진 목표를 달성했는지에 대한 준거지향평가(절대평가)에 적합하다.

여섯째, 발달적 교육관의 학습자 분포는 부적 분포를 이룬다.

이와 같이 선발적 교육관과 발달적 교육관은 평가의 목적과 방향에 따라 방법이 다르게 적용된다. 과거 우수자 선발을 중시하던 사회에서 점차 학생 개개인의 능력의 성장을 중요시하는 사회로 변화하고 있다. 교육관 또한 학생의 가능성과 변화를 위한 교수-학습에 초점을 둔 발달적 교육관에 근거한 교육평가가 더욱 환영받고 있는 이유이다.

표 2-1 선발적 교육관과 발달적 교육관 비교

구분	선발적 교육관	발달적 교육관
기본가정	특정 소수의 학습자만 교육을 받을 수 있는 능력이 있다	모든 학생은 교육을 통해 목표를 달성할 능력을 가지고 있다
교육성과 책임소재	학습자	교사
주요 평가대상	학습자의 개별 특성	교육방법, 교수-학습방법
검사관	측정관	평가관
적용되는 평가 유형	규준지향평가(상대평가)	준거지향평가(절대평가)
학습자 분포	정적 분포	부적 분포

2 평가관

교육평가를 통해 교육의 과정과 결과를 측정하고, 교육의 결과에 대한 효과를 평가하는 것이 중요하다. 교육에서의 측정과 평가, 총평의 개념을 정의하고 교육평가에서의 측정관, 평가관, 총평관 세 가지 관점의 특징을 살펴보고자 한다.

1) 측정관

교육에서 측정(measurement)이란 어떤 대상에 대해 일정한 규칙에 따라 수치를 부여하는 것으로, 학습자가 어떤 특성을 어느 정도 소유하고 있는가를 양적으로 표현하는 과정을 의미한다.

교육평가에서 측정관의 기본 전제, 강조점, 해석의 기준과 평가결과의 활용 등의 특징을 살펴보면 다음과 같다.

첫째, 측정의 개념에서 전제는 존재하는 모든 실재는 불변하는 안정성(stability)이 있다는 점이다. 인간의 행동 특성도 자연현상과 마찬가지로 고정적이고 불변하는 안정성이 있다는 가정에서 출발한다. 따라서 검사의 목적은 인간행동의 특성을 원래의 값과 가깝게 정확하고 정밀하게 측정하는 것에 초점을 둔다.

둘째, 측정관에서는 개인반응점수의 신뢰도와 객관성의 유지에 강조를 두고, 그것을 추정하는 표집오차가 중요한 관심사이다. 아무리 타당도가 높아도 신뢰도와 객관성이 낮으면 측정 자체 뿐만 아니라 그 결과를 신뢰할 수 없다. 따라서 신뢰성과 객관성 있는 측정을 위해 측정절차나 방법에서의 표준화가 필요하다. 또한 환경변인을 측정의 정확성을 저해하는 방해변인으로 간주하고 그 효과를 통제하거나 극소화하려고 노력한다. 따라서 그 목적을 위해 정확한 측정단위가 요구되며, 검사영향을 완전히 배제하고 통제해야 한다.

셋째, 측정관에서 해석의 기준은 표준이 되는 규준 집단에 두고 개인간의 비교 또는 집단에서의 상대적 위치를 비교하는 규준지향평가를 활용한다.

넷째, 측정관은 측정의 결과를 주로 선발, 분류, 예언, 실험 등에 활용한다.

2) 평가관

교육에서 평가(evaluation)란 양적 기술의 측정뿐만 아니라 질적 기술을 포함하며, 더 나아가 이러한 양적 · 질적 기술에 대한 가치판단까지 포함한다. 특히 교육에서의 평가는 교육과정 및 결과에서 나타난 학습자 행동에 대한 측정결과를 교육목적에 비추어 해석하고 의미를 부여한다.

교육평가에서 평가관의 기본 전제, 강조점, 해석의 기준과 평가결과의 활용 등의 특징을 살펴보면 다음과 같다.

첫째, 평가의 개념에서 전제는 존재하는 모든 실재는 변화한다는 가정에서 출발한다. 인간의 행동 특성도 변화 가능한 것으로 보고, 교육목표에 따른 교육적 노력을 통한 학습자의 성취와 행동변화에 초점을 둔다.

둘째, 평가관에서는 검사의 신뢰도와 객관성보다 타당도를 더욱 강조하며, 특히 평가도구의 내용타당도 · 목표타당도가 중요하다. 내용(목표)타당도는 적절한 내용(목표)을 포함한 평가도구가 측정하고자 하는 학습자의 교육목표 달성을 잘 측정해 내고 있는가에 대한 정도를 의미한다. 교육목표를 제대로 평가하였다면 내용(목표)타당도가 높다고 평가할 수 있다.

셋째, 평가관에서 해석의 기준은 교육목적, 즉 목표점이 되는 준거에 두고 교육목표의 성취수준을 의도적으로 비교하기 위한 준거지향평가를 활용한다.

넷째, 평가관에서는 환경을 중요한 변화의 원천으로 보고 환경변화를 평가에 영향을 미치는 유의미한 요인으로 간주한다. 따라서 인간의 행동변화에 관심을 두는 동시에 행동변화를 위해 투입된 교육과정과 수업교재, 교사, 수업방법, 행정체제 등 환경변인의 평가도 중요시 한다.

다섯째, 평가관의 평가결과는 개개인의 학습평점, 배치, 진급 등 개인을 평가하고 판단하는 데 사용될 뿐만 아니라 교육 프로그램, 교육과정과 방법, 교육정책 등이 얼마나 효과가 있었는지와 함께 인간 행동변화에 얼마나 영향을 미치는지 그 정도를 알아보기 위한 목적으로 활용된다.

3) 총평관

교육에서 총평(assessment)이란 개인의 행동 특성과 환경과의 상호작용을 중심으로 평가의 초점을 맞추고, 인간과 상호작용하는 특별한 환경, 상황과의 역동적인 관계를 분석하고 의사결정하는 것이 중요한 목표이다.

교육평가에서 총평관의 기본 전제, 강조점, 해석의 기준과 평가결과의 활용 등의 특징을 살펴보면 다음과 같다.

첫째, 총평은 개인과 환경의 상호작용에 관심을 갖는다. 개인의 욕구체계인 특성과 환경에서 요구하는 압력이나 역할체계를 설정하여 이들의 상호작용을 분석하는 것이 핵심이다. 즉, 개인이 목표한 준거의 분석과 함께 개인이 학습하고 작업해야 할 환경의 분석에서 총평이 시작된다.

둘째, 총평관에서 개인에 대한 정보의 수집은 양적 · 질적 형태의 다양한 종류의 형태로 활용된다. 구조화된 객관적 검사나 비구조화된 투사적 검사 등 다양한 형태의 양적 · 질적으로 수집한 증거를, 다양한 사람이 평가해서 어떠한 합치점에 도달하는 것이 중요한 과정이다.

셋째, 총평관은 구인타당성과 예언타당성을 강조한다. 개인의 구체적인 행동 특성과 환경에 관한 증거 사이에 특정한 관계가 있을 것이라 가정하고, 그 역동적인 상호작용에 관한 증거가 가정한 이론 및 구인이 어느 정도 설명이 가능한가를 중요시한다. 또한 개인과 환경의 구체적인 상호작용을 어느 한쪽의 특성에 관한 정보에 의해 얼마나 잘 예언할 수 있는가의 예언타당도에도 관심을 갖는다(이병환, 2018).

넷째, 총평관은 전인격적 평가 또는 임상적 평가라고도 한다. 양적, 질적, 투사적 평가가 이루어지며, 객관적 검사뿐 아니라 관찰이나 면접, 구술 등 다양한 방법이 요구된다. 또한 검사의 조건하에서 개인과 환경의 양 측면을 고려한 측정의 영향을 강조한다.

다섯째, 총평관의 결과는 선발, 분류, 예언, 실험 등에 활용된다. 즉, 학생 개인의 특성을 분석하고 교육목표와 교육 프로그램 등 교육진행상황을 함께 분석한다. 이러한 상호작용에 따른 분석결과 학생에게 성적을 부여하고 나아가 교육의 효과성까지 검증한다. 이러한 종합적인 방법을 활용하여 학생을 평가하는 수행평가에 총평이 활용되고 있다.

이상에서 살펴본 바와 같이 평가관은 세 가지 관점으로 구분할 수 있다. 이렇게 교육현장에서는 측정관, 평가관, 총평관 모두 서로 상호보완적인 방법으로 활용되고 있다. 다양한 검사 도구를 사용해서 '측정'을 하고 다양한 측정방법을 이용해 종합적으로 평가하는 '총평'과 함께 그 결과에 의미를 부여하고 가치판단을 하는 '평가'가 이루어진다. 표 2-2에서는 세 가지 평가관을 비교하였다.

표 2-2 측정관, 평가관, 총평관의 비교

구 분	측정관	평가관	총평관
인간의 행동 특성	• 인간행동의 고정적이고 불변하는 안정성 • 인간행동 특성에 양적인 수치화	• 인간행동 특성의 변화	• 인간행동 특성과 환경과의 역동적인 상호작용에 의한 인간행동 특성의 변화
강조점	• 신뢰도와 객관성 중요	• 검사의 내용타당도, 목표타당도 중요	• 구인타당도 중요
증거 수집	• 표준화검사 • 객관적(양적)	• 개인 및 환경의 변화 증거 • 객관적 및 주관적(양적 및 질적)	• 개인과 상호작용하는 변화의 증거를 얻을 수 있는 모든 방법 • 주관적 방법(질적)
결과의 해석	• 규준 집단에 비교하여 개인의 양적기술 • 규준지향평가(상대평가)	• 준거(교육목적)에 비교하여 개인의 양적 · 질적 기술 • 준거지향평가(절대평가)	• 준거의 분석에서 종합한 가설 • 선별을 위한 서술과 판단
결과의 이용	• 선발, 분류, 예언, 실험 등	• 학습평점, 배치, 진급 등 • 교육 프로그램, 교육과정, 교육방법, 교육정책 등 • 교육목표 달성도의 진단	• 선발, 분류, 예언, 실험 등 • 준거상태나 역할에 따른 진단 및 예진

연습문제

01 선발적 교육관에 대한 설명이 아닌 것은?

① 특정 소수의 학습자만 교육을 받을 수 있는 능력이 있다고 가정한다.
② 교육의 성과에 대한 책임소재를 교사에게 둔다.
③ 학습자의 개별 특성을 주요 평가대상으로 본다.
④ 소수의 학생을 선발하기 위한 규준지향평가에 적합하다.
⑤ 학습자 분포는 정적 분포를 이룬다.

02 모든 학습자에게 적절한 교수－학습의 방법만 제시된다면 누구든지 주어진 교육목표에 도달할 수 있다는 신념을 가진 교육관으로 교육을 통한 인간의 긍정적인 행동변화의 가능성을 인정하고, 모든 학생들에게 의도한 바의 수업목표를 달성할 수 있도록 적절한 학습기회와 학습방법을 제공하여 주어진 수업목표를 얼마나 달성하였는지에 대한 평가에 관심을 갖는 교육관은 무엇인가?

03 다음이 설명하고 있는 교육평가의 관점을 적으시오.

> 인간의 행동 특성도 자연현상과 마찬가지로 고정적이고 불변하는 안정성이 있다고 가정한다. 검사의 목적은 인간행동의 특성을 원래의 값과 가깝게 정확하고 정밀하게 측정하는 것에 초점을 둔다. 또한 개인반응점수의 신뢰도와 객관성의 유지에 강조를 두고, 환경변인을 정확성을 저해하는 방해변인으로 간주하고 그 효과를 통제하거나 극소화하려고 노력한다.

04 교육평가의 관점 중에서 평가관에 대한 설명이 아닌 것은?

① 교육적 노력을 통한 학습자의 성취와 행동변화에 초점을 둔다.
② 평가도구의 신뢰도와 객관성이 중요하다.
③ 인간의 행동변화와 함께 환경변인의 평가도 중요시 한다.
④ 소수의 학생을 선발하기 위한 규준지향평가에 적합하다.
⑤ 개인의 평가뿐만 아니라 교육방법, 정책 등의 효과성을 비교한다.

05 다음이 설명하고 있는 평가관의 관점을 적으시오.

> 개인의 행동 특성과 환경과의 상호작용을 중심으로 평가의 초점을 맞추고, 개인이 목표한 준거의 분석과 함께 개인이 학습하고, 작업해야 할 환경의 분석에서 시작된다. 학생 개인의 특성을 분석하고 교육목표와 교육 프로그램 등 교육진행상황을 분석한 학생에게 성적을 부여하고 나아가 교육의 효과성을 검증한다. 이러한 종합적인 방법을 활용하여 학생을 평가하는 수행평가에 활용되고 있다.

정답

01 ②
02 발달적 교육관
03 측정관
04 ②
05 총평관

교육과정을 설계함에 있어서 교육목적을 정하는 것보다 중요한 일은 없다. 교육목적은 교육과정 설계에서 이루어시는 여러 활동(교육내용과 학습 경험의 선택과 조건, 교육평가의 방법과 도구의 결정 등)들의 방향을 잡아 주고 구체화하는 데 도움을 준다. 그러므로 교육과정 분야에서 이루어진 많은 연구가 교육목적을 주제로 하고 있다는 것은 당연한 일이다. 이 장에서는 교육목적의 의미와 설정, 인지적 영역의 목표, 정의적 영역의 목표 등을 차례로 소개한다.

CHAPTER 03

교육목표의 이해

1 교육목표의 의미와 설정

교육목표와 관해서는 매우 다양한 용어가 사용되고 있다. 교육목표를 가리키는 말로 교육이념, 교육목적, 교육결과, 교육산물, 교육목표, 교육의 일반적 목표, 교육의 구체적 목표, 단원목표, 수업목표, 행동목표 등 헤아릴 수 없을 만큼 다양한 용어로 사용되고 있다. 저자에 따라 용어의 뜻에도 약간씩 차이가 있으나, 일반적으로 교육의 목적, 교육의 일반적 목표, 교육의 구체적 목표에 세 가지로 나눌 수 있다. 이러한 구분은 적용범위의 포괄성, 적용 기간의 길이, 수단의 구체화 등에 따라 분류한 것이다. 교육의 목적, 교육의 일반적 목표, 교육의 구체적 목표의 관계는 그림 3-1과 같다.

출처: 김대현 외(2006).

그림 3-1 교육의 목적, 일반적 목표, 구체적 목표의 관계

그림 3-1에서 교육의 목적, 일반적 목표, 구체적 목표를 점선으로 연결한 데에는 이유가 있다. 점선은 실선과 달리 관련되는 내용이 논리적이고 경험적인 관계이기는 하지만 인과적인 관계는 아니라는 것을 나타낸다. 교

육의 목적은 일반적 목표를 설정하는 데 근거와 기준이 되며, 교육의 일반적 목표는 교육의 구체적 목표를 설정하는 데 근거와 기준이 된다. 이때 상위 목적이 하위 목표의 근거와 기준이 된다는 것은 이들 간에 논리적 일관성이 있어야 하고, 경험적인 관련성이 높아야 한다는 것을 의미한다. 예를 들어, '비판적 사고력을 개발한다'는 교육목적을 설정하였다면 '관례에 따라 생각하기'와 같은 논리적으로 모순되는 교육목표를 세울 수 없으며, '체력을 향상시킨다'와 같은 경험적으로 무관한 목표를 내세울 수 없다는 것을 말한다.

그러나 교육의 목적, 교육의 일반적 목표, 교육의 구체적 목표의 관계를 인과적인 관계로 생각하는 것은 잘못된 일이다. 가솔린기관의 본체를 분해하면 실린더 블록, 실린더 헤드, 피스톤, 커넥팅로드와 크랭크축, 밸브 구조가 나오듯이 교육의 목적을 분해하면 일반적 목표들이 나오고, 교과의 일반적 목표를 분해하면 교육의 구체적 목표들이 나온다고 생각하는 것은 곤란하다. 마찬가지로 실린더 블록, 실린더 헤드, 피스톤, 커넥팅로드와 크랭크축, 밸브구조가 모여서 가솔린기관의 본체를 형성하는 것처럼 교육의 일반적 목표가 된다고 생각할 수도 없다. 예를 들어, '사물이나 사건의 인과관계를 찾아보기', '권위자나 권력자의 견해를 뒤집어 생각해 보기', '독서할 때 저자의 생각에 모순점이 없는지 살펴보기' 등은 '비판적 사고력 개발'이라는 교육의 목적과 논리적으로 모순되지 않고, 경험적인 관련성이 있으므로 비판적 사고력의 개발가능성을 높인다. 그러나 이들만으로도 비판적 사고력이 개발된다고 단정할 수는 없다.

이와 같이 교육의 목적과 일반적 목표, 교육의 일반적 목표와 구체적인 목표 간에는 논리적 일관성이 있어야 하며, 경험적인 관련성이 높아야 하지만 이들의 관계가 인과적인 관계가 아니라는 점에서 실선보다는 점선으로 나타내는 것이 적합하다. 즉, 교육의 목적은 교육의 일반적 목표와 구체적 목표의 설정 기준으로서 역할을 하며, 교육의 일반적 목표는 구체적 목표 설정의 기준으로서 기능을 할 뿐이다(김대현 외, 2006).

1) 교육목적(educational goals)

목적은 교육에 있어서 중요한 안내 역할을 하지만, 우리는 그것을 직접적으로 관찰하거나 평가할 수 없다. 오히려 그것은 바람직하고 가치로운 능력을 의미하는 포괄적 진술이며, 일반적으로 교육에 적용하는 어떤 테마나 관심이다. 가장 일반적인 목적은 종종 "aims"로 불린다. 목적은 특별위원회나 명성 높은 위원회에 의해서 국가와 주 수준에서 만들어진다. 여기서 National Education Goals Panel Report에 있는 국가 수준의 목적의 한 예를 들면, "학생들에게 민주적 시민성을 준비시킨다", "미국의 모든 어린이들은 배울 준비가 된 상태에서 학교에 입학한다"와 같은 목적들은 바람직하지만 지역 학교구가 그것을 어떻게 성취할 것인지는 불분명하다. 이런 목적들은 따라야 할 일반적 방향을 제시하고 있을 뿐이다(Allan etc., 1998).

학교구 수준의 목적들은 초점을 줄이기 시작한다. 예를 들어, 시민 의식과 관련된 목적은 "학생들은 지역사회의 정치 · 사회적 삶에 적극적으로 참여한다"와 같은 것이 될 것이다. 이러한 목적은 교사, 교장, 교육감으로 하여금 특정한 일반적 목적들(ends)로 나아가는 데 도움이 된다.

학교 수준의 목적들은 대개 한층 더 초점을 줄여 국가와 주 그리고 학교구의 목적들을 지역공동체의 철학과 우선순위에 보다 일치하는 진술들로 전환된다(Parsons, 2001; Ornstein & Hunkins, 2002). 학교 수준의 목적은 종종 학교 개선 계획들로 알려진 서류에 나타난다. 이러한 목적은 포괄적인 학교 임무 진술(mission statement)로부터 나오며, 이 진술은 지역사회 젊은이들을 교육함에 있어서 학교의 역할을 명시하고 있다. 학교 준비성이라는 국가의 목적과 관련된 학교 수준의 목적의 한 예는 "유치원은 반일제 프로그램에서 종일제 프로그램으로 확장한다"와 같은 것이 될 것이다.

1940년대 후반 타일러(Ralph Tyler)는 학교의 네 가지 목적들을 위한 개요를 개발하였고, 굿래드(John Goodlad)는 전국에 걸쳐 지역 교육위원회들에 의해 발행된 학교 목적들에 관한 리스트들을 조사하여 열두 개의 목적들을 제시하였다. 학교구나 개별 학교를 위한 목적들을 개발하는 과정은 시민과 학부모 그리고 때로는 학생들의 의미 있는 투입을 허용해야 한다. 아동의 발달과 학습 과정을 이해하고 있는 교육 전문가들과 협력함으로써 시민들은 공립학교가 가르쳐야 하는 것을 결정하는 데 도움이 되는 중요한 관점을 제공할 수 있다(Ornstein & Horenstein, 2001). 전국, 주, 학교구 또는 학교 수준에서 결정되는 교육목적들은 대개 비행동적인 용어들로 진술되며 특정한 내용이나 교과에 얽매이지 않는다. 목적들은 장기적이고 지속적인 지침 역할을 하도록 기술된다. 목적들은 학교교육이 성취하려는 것을 기술함으로써 어떠한 방향을 제시한다. 그러나 목적들은 교사들이나 학생들이 그것들을 교실에 직접 적용하기에는 너무 모호하거나 장기적이다. 따라서 교실에서 활용되기 위해서는 목적들은 보다 구체적인 목표들로 전환되어야 한다(Allan etc, 1998).

2) 교육목표(educational objectives)

목표들은 일반적으로 수업의 세 수준인 과목/학년 수준, 단원 계획 수준 그리고 수업계획 수준으로 기술된다(Posnerer Rudnitisky, 2001). 목표들은 목적들보다 짧은 성취 기간을 갖는다. 목표들은 목적들보다 구체적이지만 교육자들은 그것들이 얼마나 구체적이어야 하는가에 대해서는 이견을 보인다. 상당히 일반적인 목표들을 선호하는 사람들이 있는가 하면, 행동적 용어나 수행으로 측정할 수 있을 만큼 매우 구체적인 목표들을 옹호하는 사람들이 있다.

실제 교실 수준에서 당신은 대개 일반적이고 구체적인 목표들을 혼용해서 수업을 조직할 것이다. 일반적 목표들은 알다, 배운다, 이해한다, 파악한다, 감상한다와 같은 "결과(end)" 용어들로 특징지어진다. 그러한 목표들은 학년 수준이나 단원 수준을 위한 계열화된 교육과정을 개발하는 데 도움이 될 것이다.

개인적인 수업계획 수준에서 목표들은 대개 구체화된다. 목표들은 토론한다, 작문으로 기술한다, 구두로 진술한다, 역할극을 한다, 해결한다와 같이 정확한 단어(종종 행위 단어들)로 진술된다. 종종 행동목표나 수행목표로 불리는 이러한 진술들은 구체적인 내용이나 기술이고, 특정한 학생의 행동이나 수행을 요구하며, 관찰 가능하고 측정 가능하다. 교사와 학습자 모두는 학습의 양이나 정도를 평가할 수 있다(Marger, 1997; Popham, 1990). "In This Case"에서는 교사들과 학생들이 명료한 목표들을 준비함으로써 어떤 이익을 볼 수 있는지를 보여 준다. 일반 단원 목표의 한 예로 "학생들은 미국 식민주의자들이 1770년대 영국으로부터 분리되기를 원했던 이유를 이해한다"와 같은 것이 될 것이다. 이 일반적 목표를 구체적인 수업목표로 전환한다면, "학생들은 미국 식민주의자들이 영국으로부터 분리되기를 원했던 이유를 세 가지 이상 작문으로 기술한다"와 같이 될 것이다. 이러한 구체적인 지식의 종류를 언급하고 있으며, 학생들에게 기대하는 것을 기술하고 있고, 세 가지 이유들에 대한 정확한 준거를 제공한다. 표 3-1은 다양한 수준의 목적과 목표 간의 차이점들을 요약하고 있다. 전국적 목적에서 수업목표로 이동함에 따라 예는 보다 구체적인 것이 된다. 다시 말해 관찰하거나 측정하기가 더욱 쉬워지게 된다.

표 3-1 교육의 목적(goals)과 목표(objectives)

목적(ends)	방향 수준	다음에 의해 발달	예(들)
국가 및 주 목적	국가, 주	위원회, 태스크포스 집단, 폭넓은 전문가협회	기초 교양 기술 향상
지역 목적	학교구, 학교	행정가 집단, 교사 그리고 지역사회 구성원, 폭넓은 전문가협회	독서, 읽기, 말하기, 수학 기호를 통한 정보 및 의미 습득
일반적 목표	교과 학년	교과협의회, 주 교육부의 교육과정 전담 부서 또는 위원회, 대규모 학교구	읽기 이해력 향상, 책 전체 읽기 감상
	단원계획	교과서 저자, 교사	단어 인식 기술 개발, 읽어 주는 이야기 듣기
구체적 목표	수업계획	교과서 저자, 교사	저자의 주된 아이디어 확인, 10개의 새로운 어휘 쓰기

출처: Robert F. Mager(1997).

3) 교육의 구체적 목표

교육의 구체적 목표는 비교적 단기간의 수업을 통하여 학생들이 성취해야 하는 것들을 상세하게 진술한 것으로, 이를 달성하기 위한 수단(학습내용과 활동 등)을 구체적으로 제시하고 있다. 교육의 구체적 목표(표 3-2, 도덕과 총괄 목표)는 교과의 학년별(표 3-3, 도덕과 학교 급별 목표) 내용을 분석하여 찾아내며, 수일이나 수주에 걸치는 단원목표나 단시 또는 하루의 수업목표로 구분할 수 있다.

단원목표는 교과의 내용을 분석하여 설정되며, 수업목표를 설정하는 기반이 되고 수업목표에 의하여 실현된다. 교육과정 문서와 교사용 지도서에는 단원별로 이와 같은 단원목표를 제시하고 있다. 수업목표는 단시 수업이나 하루의 교수활동을 위한 목표이다. 수업목표는 교사용 지도서에 차시별로 제시된다(김대현 외, 2006).

표 3-2 도덕과 총괄 목표

도덕과는 기본적으로 성실, 배려, 정의, 책임 등 21세기 한국인으로서 갖추고 있어야 하는 인성의 기본 요소를 핵심 가치로 설정하여 내면화하는 것을 일차적 목표로 삼는다. 이를 토대로 자신의 삶의 의미를 자율적으로 찾아갈 수 있는 도덕적 탐구 및 윤리적 성찰, 실천, 과정으로 이어지는 도덕함의 능력을 길러 도덕적인 인간과 정의로운 시민으로 살아갈 수 있도록 돕는 것을 목표로 한다.

(1) 21세기 한국인으로서 보편적으로 갖추고 있어야 하는 핵심 가치인 성실, 배려, 정의, 책임을 내면화하는 것을 목표로 삼는다. 가치관계 확장을 전제로 자신에게 타자, 사회와 공동체, 자연과 초월로 이어지는 각 영역의 핵심 가치를 내면화하여 인성의 기본 요소를 실천적으로 확립하는 것을 목표로 한다.
(2) 자신을 둘러싸고 전개되고 있는 삶의 상황 속에 어떻게 살아야 할 것인가라는 물음을 근간으로 삼는 가치의 차원이 있음을 인식하고, 그것을 현실 속에서 어떻게 구현해 갈 것인가를 고민할 수 있는 실천적인 시간과 공간을 제공하는 것을 목표로 한다. 이러한 목표는 자신을 둘러싼 도덕 현상에 대한 탐구와 내면화 도덕성에 대한 윤리적 성찰과 일상적 실천을 포함하는 도덕함의 능력을 길러주는 것으로 구체화된다.
(3) 독립된 인격체로서의 개인이 시민사회와 국가, 지구 공동체를 어떻게 인식하고 받아들일 것인가의 문제를 특히 삶의 의미 물음과 연관지어 찾아볼 수 있는 능력과 실천 성향을 기르는 것을 목표로 한다. 특히 이러한 능력과 성향은 교사와 학생 사이의 도덕적 담화 공동체 형성이라는 과정의 목표를 통해 길러질 수 있을 것으로 기대된다.

출처: 교육부(2015).

표 3-3 도덕과 학교 급별 목표

중학교 단계에서는 초등학교 도덕과에서 형성된 가치 · 덕목 및 규범에 대한 이해와 도덕적 기능 및 실천 능력을 심화하여 현대사회의 다양한 도덕 문제에 대한 탐구와 삶의 이야기에 대한 성찰을 바탕으로 도덕적 정체성을 구성하며, 배려적인 인간관계와 정의로운 공동체 및 자연과의 조화로운 관계를 구현하기 위해 적극적으로 참여하고 실천하는 덕성과 역량을 기른다.

출처: 교육부(2015).

2 인지적 영역의 교육목표

1) 인지적 목표의 의의

블룸(Bloom)은 학습의 영역 중 인지적 영역을 지식, 이해, 적용, 분석, 종합, 평가로 분류하고, 각각의 분야마다 학습 위계를 지적 활동이 낮은 수준에서부터 높은 수준으로 분류하여 체계화하고 있다. 이에 따라 여섯 단계에 대한 인지적 영역의 교육목표를 크게 지식 그 자체와 지식에 대한 기능으로 분류하고 있다.

이러한 인지적 영역의 지식은 어떤 형상이나 사실에 대한 그 자체를 의미하고, 이해는 전달된 지식을 받아들이는 것을 말하며, 적용은 이해한 지식을 일반적 상황이나 특수 상황에 응용하는 지적 기능을 말한다. 그리고 분석은 어떤 사실이나 현상을 구성요소로 분해하고 요소 간의 관계와 조직되어 있는 방법을 발견하는 능력이며, 종합은 여러 개의 요소나 부분을 하나가 되도록 묶는 지적 능력으로, 나열된 사실을 종합하여 체계화하고 새로운 자료를 창안하는 능력이다. 마지막으로 평가는 문제해결방법, 작품이나 소재 등에 대한 가치판단으로서 비판력과 판단력을 포함하는 개념이다 (Bloom, 1981).

2) 종류

(1) 지식

지식은 어떤 형상이나 사실에 대한 그 자체를 말한다. 지식은 모든 지적 능력의 기초가 되며 학습한 내용을 기억하고 상기해 내는 능력으로 사실이나 용어, 규칙 등을 기억해내는 지적 능력이다. 따라서 지식에 대한 교육목표는 이러한 지식의 인지적 기능을 습득할 수 있는 교육내용과 행동적 용어를 잘 내포한 문장으로 기술된다.

표 3-4 지식의 하위 영역과 목표진술

지식의 하위 영역	목표진술 행동 동사(예)
술어에 관한 지식	정의(말)할 수 있다/구별할 수 있다/확인할 수 있다 인지할 수 있다/상기할 수 있다/열거할 수 있다
구체적 사실에 관한 지식	상기할 수 있다/인지할 수 있다/획득할 수 있다 확인할 수 있다/열거할 수 있다
규칙에 관한 지식	상기할 수 있다/확인할 수 있다/인지할 수 있다
경향과 체계에 관한 지식	상기할 수 있다/확인할 수 있다/인지할 수 있다
분류와 유목에 관한 지식	상기할 수 있다/확인할 수 있다/인지할 수 있다
준거에 관한 지식	상기할 수 있다/확인할 수 있다/인지할 수 있다/획득할 수 있다
방법론에 관한 지식	상기할 수 있다/확인할 수 있다/인지할 수 있다/획득할 수 있다
원리와 일반규칙에 관한 지식	상기할 수 있다/확인할 수 있다/인지할 수 있다/획득할 수 있다
이론과 구조에 관한 지식	상기할 수 있다/확인할 수 있다/인지할 수 있다
교육목표 진술 예시	□ 삼각형의 합동조건을 말할 수 있다. □ 음악을 듣고 곡의 제목과 작곡자를 말할 수 있다. □ 역사적 사건들을 시대 순으로 열거할 수 있다.

출처: 권대훈 외(1997).

(2) 이해

이해는 전달된 지식을 받아들이는 것을 말하며, 이해 수준에는 번역, 해석, 추론이 있다. 이해력은 의사전달내용이나 자료의 의미를 파악하는 지적 능력이다. 따라서 이해에 대한 교육목표는 이러한 이해의 인지적 기능을 습득할 수 있는 교육내용과 행동적 용어를 잘 내포한 문장으로 기술된다.

표 3-5 이해의 하위 영역과 목표진술

이해의 하위 영역	목표진술 행동 동사(예)
번역	번역할 수 있다/조사할 수 있다/읽을 수 있다 다른 말로 표현할 수 있다/재진술할 수 있다 변화시킬 수 있다/예시할 수 있다
해석	해석할 수 있다/정리할 수 있다/재배열할 수 있다/구별할 수 있다 변별할 수 있다/만들 수 있다/설명할 수 있다/시범을 보일 수 있다

이해의 하위 영역	목표진술 행동 동사(예)
추론	추정할 수 있다/추리할 수 있다/결론내릴 수 있다 변별할 수 있다/채울 수 있다/도출할 수 있다
교육목표 진술 예시	□ 그래프를 보고 물가상승의 원인을 설명할 수 있다. □ 지도에 나타난 상황을 보고 삼국시대의 국제 정세에 대하여 추정할 수 있다. □ 영문을 읽고 글쓴이가 주장하고 싶은 말이 무엇인지 도출할 수 있다.

출처: 권대훈 외(1997).

(3) 적용

적용은 이해한 지식을 일반적 상황이나 특수 상황에 응용하는 지적 기능을 말한다. 적용력 단계는 학습내용을 새로운 구체적 상황에 사용하는 능력으로 학습한 개념, 방법, 원리를 새로운 문제에 적용해서 해결하는 능력이다. 따라서 적용에 대한 교육목표는 이러한 적용의 인지적 기능을 습득할 수 있는 교육내용과 행동적 용어를 잘 내포한 문장으로 기술된다.

표 3-6 적용의 하위 영역과 목표진술

적용의 하위 영역	목표진술 행동 동사(예)
적용	응용할 수 있다/일반화할 수 있다/관련시킬 수 있다/선택할 수 있다 조직할 수 있다/이용할 수 있다/변화시킬 수 있다/분류할 수 있다 재구조화할 수 있다/발전시킬 수 있다
교육목표 진술 예시	□ 사람들의 진로 갈등에 내포된 진로 가치를 분류할 수 있다. □ 직사각형의 넓이를 구하는데 피타고라스의 정리를 응용할 수 있다.

(4) 분석

분석은 어떤 사실이나 현상을 구성요소로 분해하고 요소 간의 관계와 조직되어 있는 방법을 발견하는 능력이다. 즉, 분석력 단계는 주어진 자료의 구성요소를 찾아내고, 각 요소 간의 관계와 조직 원리를 발견하는 능력으로 내용 속 요소, 부분들을 비교 대조해 논리적 오류를 알아내는 지적 능력이다. 따라서 분석에 대한 교육목표는 이러한 분석의 인지적 기능을 습득할 수 있는 교육내용과 행동적 용어를 잘 내포한 문장으로 기술된다.

표 3-7 분석의 하위 영역과 목표진술

분석의 하위 영역	목표진술 행동 동사(예)
요소의 분석	구분할 수 있다/탐색할 수 있다/확인할 수 있다 변별할 수 있다/인지할 수 있다/유목화할 수 있다/추론할 수 있다
관계의 분석	분석할 수 있다/대비할 수 있다/비교할 수 있다 식별할 수 있다/추론할 수 있다
구조원리의 분석	분석할 수 있다/구분할 수 있다/탐색할 수 있다/추론할 수 있다
교육목표 진술 예시	□ 우리 주위의 자원 중 인적 자원과 물적 자원을 구분할 수 있다. □ 동양철학과 서양철학의 특성을 비교할 수 있다. □ 동영상을 시청하고 학교폭력문제의 원인을 분석할 수 있다.

출처: 권대훈 외(1997).

(5) 종합

종합은 여러 개의 요소나 부분을 하나가 되도록 묶는 지적 능력으로, 나열된 사실을 종합하고 체계화하여 새로운 자료를 창안하는 능력이다. 따라서 종합에 대한 교육목표는 이러한 종합의 인지적 기능을 습득할 수 있는 교육내용과 행동적 용어를 잘 내포한 문장으로 기술된다.

표 3-8 종합의 하위 영역과 목표진술

종합의 하위 영역	목표진술 행동 동사(예)
독특한 의사소통	쓸 수 있다/말할 수 있다/관계시킬 수 있다/구성할 수 있다 창안할 수 있다/수정할 수 있다/자료를 종합할 수 있다
조직의 계획 및 절차	제안할 수 있다/계획할 수 있다/설계할 수 있다/수정할 수 있다 구체화할 수 있다
추상관계의 도출	생성할 수 있다/도출할 수 있다/개발할 수 있다/결합할 수 있다/조직할 수 있다 종합할 수 있다/추론할 수 있다/발전시킬 수 있다/형성할 수 있다
교육목표 진술 예시	□ 우리나라 교육실태에서 드러난 문제점을 종합할 수 있다. □ 소설의 내용을 잘 읽고, 10년 후 소설 속 주인공이 어떤 삶을 살 수 있을지 말할 수 있다.

출처: 권대훈 외(1997).

(6) 평가

평가는 문제해결방법, 작품이나 소재 등에 대한 가치판단으로서 비판력과 판단력을 포함한다. 평가는 준거에 따라서 실시하며, 특정 소재 또는 방법에 대한 가치나 중요성을 판단하는 능력이다. 따라서 평가에 대한 교육목표는 이러한 평가의 인지적 기능을 습득할 수 있는 교육내용과 행동적 용어를 잘 내포한 문장으로 기술된다.

표 3-9 평가의 하위 영역과 목표진술

평가의 하위 영역	목표진술 행동 동사(예)
내적 준거에 의한 판단	판단할 수 있다/토론할 수 있다/타당화할 수 있다 평가할 수 있다/결정할 수 있다
외적 준거에 의한 판단	판단할 수 있다/토론할 수 있다/고려할 수 있다/비교할 수 있다 대비할 수 있다/표준화할 수 있다/평가할 수 있다
교육목표 진술 예시	□ 유치원 영어 의무교육에 대하여 찬반 토론을 할 수 있다. □ 칼 마르크스 사회주의 이론의 경제적 한계를 평가할 수 있다.

출처: 권대훈 외(1997).

3 정의적 영역(affective domain)의 교육목표

크래스월(Krathwohl)의 분류학은 내면화의 수준에 따라 감수, 반응, 가치화, 조직화, 인격화의 5개 영역으로 구성된다.

1) 감수(receiving)

어떤 현상이나 자극에 대하여 긍정적인 반응을 보이는 가장 낮은 수준의 정의적 행동이다. 즉, 자발적으로 어떤 현상을 받아들이거나 그것에 관심이나 주의를 기울이는 단계로 교수의 견지에서는 학생의 주의를 적절한 방향으로 유도하는 단계이다. 이 단계의 학습결과는 어떤 현상에 대해서 단순히 그 존재를 인식하는 수준에서 시작하여 선택적으로 주의를 집중하게 되는 수준까지 이르게 된다. 하위 영역에는 감지, 자진감수, 선택적 관심이 있다.

일반 수업목표

~에 관하여

: 주의 깊게 듣는다, 학습활동의 중요성을 의식하고 주의를 집중한다, 인간의 필요와 사회 문제에 대해서 민감함을 나타낸다, 인종과 문화의 차이를 수용한다, 학급활동에 주의 깊은 관심을 나타낸다.

명세적 동사

: 묻는다, 선택한다, 기술한다, 따른다, 준다, 주의를 집중한다, 찾아낸다, 명명한다, 지적한다, 선정한다, 사용한다, 대답한다.

예
- 당신은 독서하기 위해서 시간이 더 있었으면 하고 바랍니까?(예, 아니오)
- 조만간 시간이 있으면 한두 권 읽고 싶은 책이 있습니까?(예, 아니오)
- 음악을 이해하기 위해 노력하고 싶은 생각을 가져본 일이 없다.(예, 아니오)

2) 반응(responding)

특정 현상이나 자극에 대하여 학습자가 능동적으로 반응하는 것으로 적극적 참여를 나타내는 것이다. 특별한 행동을 즐거워하고, 이에 반응하는 데 만족감을 느끼며 흥미를 갖는 것 등이 이 단계의 학습이다. 하위 영역에는 순종 반응, 자진 반응, 반응에의 만족 등이 있다.

일반 수업목표

~에 관하여

: 주어진 숙제를 끝마친다, 토의에 참석한다, 과제를 자발적으로 지원한다. 과제에 흥미를 보인다, 다른 사람을 도와주는 것에서 만족감을 느낀다.

명세적 동사

: (~에 대하여) 돕는다, 편집한다, 복종한다, 토의한다, 도움을 준다, 실천한다, 암송한다, 선택한다.

예
- 어떤 책을 읽기 시작하면 보통 며칠 사이에 그것을 끝내 버립니까?(예, 아니오)
- 오전 전부 혹은 오후 전부를 독서로 보내는 일이 흔히 있습니까?(예, 아니오)
- 음악을 계속해서 두 시간 이상 듣는 일은 거의 드물다.(사실이다, 사실이 아니다)

3) 가치화(valuing)

어떤 행동에 대하여 일관성과 안정성을 가지고 가치를 지향하는 것 또는 현상을 가치 있는 것으로 지각하고, 이 현상에 관련된 행동의 일관성을 드러내는 것이다. 어떤 사물이나 현상 또는 행동에 대하여 그 의미와 가치를 부여하는 내면화의 정도를 말한다. 특히 이 수준에서는 단순한 가치와 의미만을 인정할 뿐 아니라, 나아가서 적극적으로 책임을 지고 가치를 추구하는 행동을 포함한다. 가치란 특정한 가치가 내면화된 상태를 의미하는 것이지만, 이는 외현적 행동으로도 나타날 수 있으며, 특히 학습된 가치는 일관성과 안정성이 있는 것이어서 이를 측정할 수도 있다. 흔히 태도나 감상 등이 이 수준의 학습에 속한다(하영철 외, 2004). 하위 영역에는 가치 수용, 가치 채택, 확신 등이 여기에 속한다.

일반 수업목표

~에 관하여

: 감상한다, 신념을 나타낸다, 중요하게 여긴다, 깊은 관심을 보인다, 태도를 보인다.

명세적 동사

: (~을) 완성한다, 기술한다, 설명한다, 형성한다, 발휘한다, 제안한다, 정당화한다, 선택한다, 해낸다.

예
- 당신은 어떤 책을 읽고 나면 다른 사람에게 그것을 읽기를 권할 정도로 열정적입니까?(예, 아니오)
- 복잡한 설계의 의미를 이해하기 위해 집중적으로 시간을 보내는 일이 있습니까?(예, 아니오)
- 수학은 일상생활에 아무런 소용이 없다.(그렇다, 아니다)

4) 조직화(organization)

조직화란 여러 가지 가치들을 하나의 체제로 조직하는 것으로 하나 이상의 가치가 관련된 상황들이다. 여러 가지 가치를 종합하고 자기 나름의 내재적으로 일관성 있는 가치체계를 확립해 나가는 단계이다. 여기에는 여러 가지 가치의 비교와 서로의 연관을 통하여 체계적으로 통합하는 활동이 따른다. 이 수준의 학습은 보다 구체적으로 하나의 가치를 개념화하는 단계에서부터 이를 한 개인의 가치관으로 조직화하는 단계에 이르기까지의 모든 과정을 포함한다(하영철 외, 2004). 하위 영역에는 가치의 개념화, 가치체계의 조직화가 있다.

일반 수업목표

~에 관하여

: 체계적인 계획의 중요성을 인정한다, 자신의 행동에 대하여 책임을 받아들인다, 필요를 인정한다, 이해하고 받아들인다, 흥미 및 신념에 따라 인생을 설계한다.

명세적 동사

: 고수한다, 순서로 나열한다, 결합한다, 비교한다, 변론한다, 일반화한다, 찾아낸다, 수정한다, 준비한다, 관련시킨다.

예
- 당신이 읽은 책 중에서 직업선택에 관한 문제에 대해 크게 영향을 미친 책이 있습니까?(예, 아니오)
- 음악이 영원하다는 문제에 대해 누구와 토론해 본 일이 있습니까?(예, 아니오)
- 당신이 쓴 글이나 연설에서 수학이란 우리 인생에서 가장 중요한 것이라는 당신의 생각을 주장한 일이 있습니까?(예, 아니오)

5) 인격화(characterization)

특정 가치관이 학습자에게 내면화되어 그 가치에 따라 일관성 있게 행동을 유지하는 것으로 가치체계의 일반화, 인격화를 의미한다. 가치의 조직화가 이루어지고 그것이 한 개인의 생활을 지배하게 되면 그는 독특한 개인적 생활양식을 갖게 된다. 이 수준의 정의적 행동은 포괄성과 일관성이 있으며, 충분히 예측할 수 있는 행동체계를 갖게 되고, 수시로 개인의 행동을 통제하게 된다. 즉, 완전히 체계화된 인생철학과 가치관이 확립되어 있어서 그것이 일괄적인 체계를 가지고 모든 사물, 사건, 행동에 나타나는 단계이다(하영철 외, 2004).

일반 수업목표

~에 관하여

: 항상 의식하고 행동을 한다, 집단활동에서 협동을 실천한다, 객관적인 태도를 취한다, 근면 성실 및 자제력을 보여준다, 좋은 건강습관을 유지한다.

명세적 동사

: 활동한다, 영향을 준다, 주의를 기울인다, 수정한다, 실천한다, 실행한다, 봉사한다, 교정한다, 해결한다, 사용한다, 증명한다.

예 다음 진술문 중에서 당신의 인생 목표를 가장 잘 나타낸다고 생각하는 것을 지적하시오.

A. 신에게 봉사
B. 하늘나라에서 개인의 영생을 성취하는 것
C. 자기 훈련: 비합리적 감정과 감각적 욕망의 극복
D. 나의 의무를 다하는 것
E. 나의 지역사회를 위해 봉사하는 것
F. 이 세상에서 내 지위를 찾아 출세하는 것

출처: 1) 감수, 2) 반응, 3) 가치화, 4) 조직화, 5) 인격화에 제시된 [일반 수업목표], [명세적 동사]의 출처: 하영철 외(2004).

연습문제

01 다음 중 인지적 영역의 '지식'에 해당하는 목표진술문은?

① 유치원 영어 의무교육에 대하여 토론할 수 있다.
② 우리나라 교육실태에 드러난 문제점을 종합할 수 있다.
③ 동양철학과 서양철학의 특성을 비교할 수 있다.
④ 통계자료를 보고 물가 상승의 원인을 설명할 수 있다.
⑤ 삼각형의 합동조건을 말할 수 있다.

02 다음 (　　　　) 안에 들어갈 알맞은 용어는?

> (　　　　)는 인지적 영역의 하나로, 문제해결방법이나 작품 및 소재 등에 대한 가치판단으로서 비판력과 판단력을 포함하고 있으며, 특정 소재 또는 방법에 대한 가치나 중요성을 판단하는 능력이다.

03 인지적 영역 중 '분석'에 해당하는 목표진술문을 1가지 작성하시오.

04 다음 글이 설명하고 있는 정의적 영역의 교육목표는?

> 자발적으로 어떤 현상을 받아들이거나 그것에 관심이나 주의를 기울이는 단계로 교수의 견지에서는 학생의 주의를 적절한 방향으로 유도하는 단계

① 감수　② 반응　③ 가치화
④ 조직화　⑤ 인격화

05 다음 예화가 나타내고 있는 정의적 영역의 교육목표는?

> • 어떤 책을 읽기 시작하면 보통 며칠 사이에 그것을 끝내 버립니까?(예, 아니오)
> • 오전 전부 혹은 오후 전부를 독서로 보내는 일이 흔히 있습니까?(예, 아니오)
> • 음악을 계속해서 두 시간 이상 듣는 일은 거의 드물다.(사실이다, 사실이 아니다)

① 감수　② 반응　③ 가치화
④ 조직화　⑤ 인격화

06 다음 글이 설명하고 있는 정의적 영역의 교육목표는?

> 어떤 사물이나 현상 또는 행동에 대하여 그 의미와 가치를 부여하는 내면화의 정도를 말한다. 특히 이 수준에서는 단순한 가치와 의미만을 인정할 뿐 아니라, 나아가서 적극적으로 책임을 지고 가치를 추구하는 행동을 포함한다.

① 감수 ② 반응 ③ 가치화
④ 조직화 ⑤ 인격화

07 다음 글이 설명하고 있는 정의적 영역의 교육목표는?

> 이 수준의 학습은 보다 구체적으로 하나의 가치를 개념화하는 단계에서부터 이를 한 개인의 가치관으로 조직화하는 단계에 이르기까지의 모든 과정을 포함한다.

① 감수 ② 반응 ③ 가치화
④ 조직화 ⑤ 인격화

08 다음의 일반 수업목표와 관계 깊은 정의적 영역의 교육목표는?

> ~에 관하여 항상 의식하고 행동을 한다, 집단활동에서 협동을 실천한다, 객관적인 태도를 취한다, 근면 성실 및 자제력을 보여준다, 좋은 건강습관을 유지한다.

① 감수 ② 반응 ③ 가치화
④ 조직화 ⑤ 인격화

09 다음 중 교육의 일반적 목표를 설정하는 데 근거와 기준이 되는 것은?

① 교과별 목표 ② 단원 목표 ③ 수업 목표
④ 학교급별 목표 ⑤ 교육의 목적

10 다음 중 교육의 구체적 목표를 설정하는 데 근거와 기준이 되는 것은?

① 교과별 목표 ② 단원 목표 ③ 수업 목표
④ 일반적 목표 ⑤ 교육의 목적

11 다음 중 비교적 단기간의 수업을 통하여 학생들이 성취해야 하는 것들을 상세하게 진술한 것으로 이를 달성하기 위한 수단(학습내용과 활동 등)을 구체적으로 제시하는 것은?

① 교과별 목표 ② 단원 목표 ③ 구체적 목표
④ 학교급별 목표 ⑤ 교육의 목적

정답

01 ⑤
02 평가
03 학교폭력실태조사 자료를 바탕으로 학교폭력의 원인을 분석할 수 있다.
04 ①
05 ②
06 ③
07 ④
08 ⑤
09 ⑤
10 ④
11 ③

교육평가가 효율적으로 이루어지기 위해서는 교육평가에 대한 분명한 목적이 있어야 하는데, 이 분명한 목적을 이루기 위해서는 교육평가의 모형이 필요하다. 왜냐하면 교육평가의 모형에 따라 그 평가의 목적이 달라지고 평가의 기준이 달라지기 때문이다. 따라서 교육평가에 있어 평가자는 다양한 교육평가의 모형 중에 평가의 목적에 가장 부합된 교육평가 모형을 통해 평가를 진행해야 한다. 따라서 이 장에서는 교육평가의 모형인 목표지향평가 모형, 가치판단평가 모형, 의사결정 모형 등에 대해 살펴본다.

CHAPTER 04

교육평가의 모형

1 목표지향평가 모형

1) 목표지향평가의 개념

목표지향평가는 미리 설정하여 놓은 목표를 평가의 기준으로 삼아 그 목표가 실현된 정도를 판단하는 데 초점을 두는 입장이다. 즉, 교육평가를 교육 프로그램의 목표가 어느 정도 달성되었느냐를 결정하는 것으로 보는 입장이다. 목표의 달성이 교육 프로그램의 성공을 의미하는 반면, 목표에의 미달은 교육 프로그램의 부적합을 의미한다. 따라서 학생들의 학업성취도나 행동발달 상황을 평가할 때, 교사의 수업이나 학급경영을 평가할 때, 교육행정 재정을 평가할 때 미리 설정된 목표를 평가기준으로 한다면, 그것은 목표지향평가 모형을 적용한 것이라 할 수 있다. 목표지향평가는 학교현장의 평가 체제에서 가장 많이 알려지고 널리 활용되는 고전적인 평가모형이라 할 수 있다(김대현 · 김석우, 2011).

2) 목표지향평가 모형의 유형

(1) 타일러(Tyler)의 목표달성 모형

타일러(1949)의 목표달성 모형은 교육 혹은 수업목표를 평가기준으로 하여 어떤 프로그램이나 수업이 종료된 후 교육목표가 달성된 정도를 확인하는 것이다. 이는 명세적으로 진술된 행동목표를 기준으로 교육성과를 평가한다고 해서 흔히 행동목표 모형(behavioral objective model)이라고도 한다. 타일러는 평가를 설정된 행동적 목표와 학생의 실제 성취 수준을 비교하는 활동으로 보고, 이를 위해 목표의 세분화가 필요하다고 보았다. 목표를 세분화하는 방법으로는 '목표의 이원분류'를 제안하였는데 이것이 학생들의 실제적인 성취 자료가 된다. 이는 교육과정의 장단점에 관한 정보를 의사결정자에게 제공해 줌으로써 합리적 의사결정에 도움을 준다. 타일러는 교육평가를 교육의 전체 과정과 관련된다고 보았다.

목표달성 모형의 교육목표는 실제로 실현된 정도가 파악될 수 있어야 하기 때문에 표 4-1과 같이 교과의 내용과 학생의 구체적인 행동이 결합된 형태로 진술된다. 즉, 이러한 행동의 변화가 학생에게 실제로 어느 정도 일어났는가를 가늠하는 과정이 교육평가인 것이다(이종철, 2019).

표 4-1 목표달성평가의 교육목표 진술의 예

- 가정법의 시제를 활용할 수 있다.
- 헌법상 국민의 의무를 설명할 수 있다.
- 우리나라 현재의 경제 상황을 바탕으로 경제 성장에 대한 전망을 할 수 있다.

출처: 이종철(2019). 예비교사를 위한 교육평가의 탐색.

타일러 모형의 일반적인 절차는 다음과 같다.

① 교육목표 설정
② 설정된 교육목표의 분류
③ 분류된 교육목표를 행동적 용어로 정의
④ 교육목표의 달성이 측정될 수 있는 평가 장면의 설정
⑤ 측정방법과 도구 개발 및 선정
⑥ 측정방법 및 도구를 사용하여 자료 수집
⑦ 결과 해석 및 행동목표와 학생의 성취 자료 비교

타일러의 모형은 다음과 같은 특징을 갖는다. 첫째, 교육목표가 평가에서 핵심적인 역할을 한다. 둘째, 교육목표의 행동적 정의와 진술이 측정 및 평

가를 용이하게 해 주며, 평가의 효율성을 증대시킨다. 셋째, 형성평가의 기능을 강조하여 교육과정이나 수업을 개선하게 한다. 넷째, 교육목표 설정방법의 개발 및 측정도구의 개발을 자극하여 평가방법 및 기술의 발전을 이루게 하며, 교사로 하여금 교육활동에 대한 책무성을 자극한다. 다섯째, 교육목표와 학생 성취간의 합치 여부를 체계적이고 논리적으로 검증할 수 있으므로 학교현장에서 사용이 용이하다.

이와 같은 특징을 갖고 있는 타일러 모형의 장점은 첫째, 교육목표, 교육내용, 교육평가 간의 논리적인 일관성을 유지한다는 점, 둘째, 명확한 평가기준에 근거하여 평가를 실시한다는 점, 셋째, 평가를 통해 목표의 실현 정도를 평가한다는 점이다. 반면 단점은 첫째, 의도하지 않은 부수적인 교육효과를 평가할 수 없다. 둘째, 교육 성과에만 주로 관심을 가지므로 본질적인 교육과정 개선에는 한계가 있다. 셋째, 기술적 합리성만 강조하므로, 정치, 사회적 역할, 윤리도덕적 역할과 같은 복합적 측면의 평가가 어렵다. 넷째, 측정하기 어려운 경험, 태도, 감정의 변화 등은 평가하기가 어렵다는 것이다.

(2) 프로버스(Provus)의 격차 모형(불일치 모형)

프로버스(1971)의 격차 모형은 교육 또는 경영 및 관리를 통해 달성해야 할 표준이나 준거와 실제 수행성과의 차이, 괴리, 상위 또는 불일치점을 분석하는 데 주안을 두므로 불일치 모형이라고도 한다. 또한 이 모형을 제안한 프로버스가 피츠버그 공립학교 연구소(Research for the Pitsburgh public schols)의 소장이었기 때문에 피츠버그 평가 모형이라고도 한다.

이 모형은 ① 프로그램의 표준, 즉 목표를 설정하고, ② 프로그램의 표준과 실제 수행 사이에 불일치가 있는지를 확인하며, ③ 프로그램의 전체 또는 일부의 개선, 존속, 종결의 결정을 내리기 위해 불일치 정보를 활용하는 과정에 따라 프로그램이 실제 수행을 표준에 비추어 비교하는 평가방법을 제시한다(이종철, 2019). 평가란 목표와 수행결과 사이에 존재하는 불일치에 대한 정보를 사용하는 과정으로, 프로그램의 개선, 유지, 종료를 위한 정보로 활용된다.

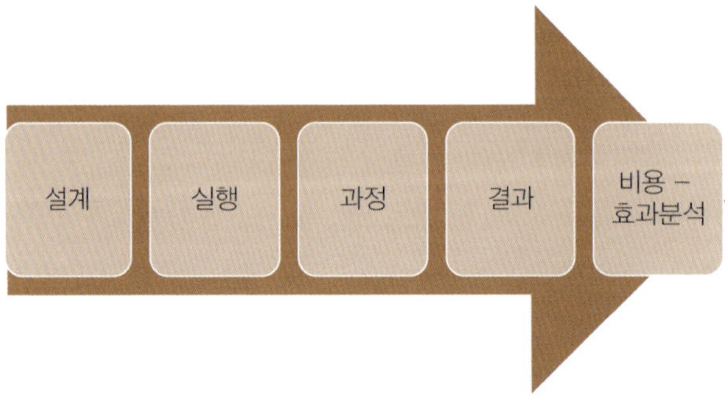

그림 4-1 프로버스의 격차 모형(discrepancy model)

프로버스의 격차 모형은 D(discrepancy information) = S(standard) − P(performance measure)를 분석하는 데 주안을 두는 평가 모형으로, S를 결정하고 P를 확인해서 D를 찾는 것이 가장 핵심적인 평가절차이다.

격차 모형의 절차는 다음과 같다(박휴용, 2018).

① 프로그램의 정의 및 설계: 프로그램의 투입, 과정, 산출 변인을 각각 명시적으로 기술한다.

② 프로그램의 실행: 평가의 표준 및 준거를 열거하고 그 적합도를 확인한다.

③ 프로그램의 과정: 프로그램에서 계획한 변화, 즉 학생들의 행동이 계획대로 변화하였는지를 확인할 자료를 수집한다.

④ 프로그램의 결과: 목표달성 여부와 그 정도를 확인한 다음 성취기준 또는 목표와 비교하여 불일치 여부와 그 정도를 판단한다.

⑤ 비용－효과분석: 수행성과와 목표달성을 위해 투입된 예산, 인력, 시간, 노력 등을 비교한다. 비용－효과 측면에서 프로그램과 대안적 프로그램을 비교 · 분석하는 것이다.

(3) 하몬드(Hammond)의 교육혁신평가 모형

하몬드(1973)는 타일러의 모형에 영향을 받아 학교 수준에 적합한 새로운 평가 모형을 개념화하였다. 이 평가 모형은 목표를 명세적으로 진술하고, 이를 기준으로 프로그램의 효율성을 확인, 개선점을 찾는다는 점에서 목표달성 모형에 속한다. 교육목표의 달성 여부를 결정하는 것뿐만 아니라 교육활동의 성패에 영향을 주는 요소를 평가자가 비교적 쉽게 파악할 수 있도록 하였다. 이를 위해 교육의 평가과정을 체계적으로 구조화하여 교육활동이 공정하고 정확하게 평가되도록 하였다. 하몬드는 교육 프로그램을 기술하고 평가 변인들을 조직하기 위한 목적으로 3차원 입방체(수업, 기관, 행동)를 고안하여 개념화하였다.

교육 프로그램에 영향을 미치는 3요인
• 수업: 조직, 내용, 방법, 시설, 비용 • 기관: 학생, 교사, 관리자, 교육전문가, 학부모, 지역사회 • 프로그램 내용을 지칭하는 행동: 인지적, 정의적, 심동적 영역으로 분류

표 4-2 교육 프로그램에 영향을 미치는 3요인

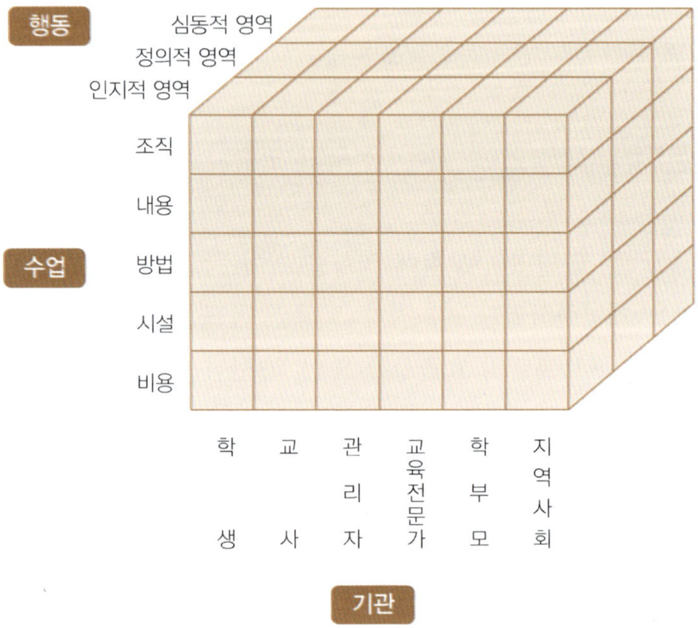

타일러는 프로그램의 효과를 학업성취도만을 준거 변인으로 평가하였는데 하몬드는 세 차원들 간의 상호작용 효과를 미리 설정한 목표를 준거로 평가한다는 점에서 차이가 있다.

하몬드 평가 모형의 특징은 새로운 프로그램을 개발할 때 적합성, 효율성을 확인하는 데 이용할 수 있으나, 주된 목적은 일선 교육청 혹은 학교에서 현재 실행하고 있는 프로그램의 수정, 보완에 필요한 정보 수집에 있다. 이 모형은 교육효과를 체계적, 명확하게 평가할 수 있다는 장점이 있다. 반면 평가할 변인이 많고 평가결과를 수량화하기 어려운 부분이 있으며, 시간과 인력이 많이 요구된다는 한계가 있다.

하몬드의 교육혁신 평가 모형의 구체적인 평가 절차는 다음과 같다(김대현 · 김석우, 2011).

① 변인 선정: 수업, 기관, 행동 차원 및 각 하위 변인에서 프로그램과 직접 관계되는 것을 선정하고, 그들 간의 상호작용을 밝혀 목표로 진술한다.
② 방법 결정: 평가하고자 하는 변인과 상호작용을 가장 잘 측정할 수 있는 방법을 결정하고 필요한 도구를 제작한다.
③ 결과 분석: 자료를 수집, 분석하여 차원별 또는 변인별로 목표 달성 여부와 그 정도를 확인한다.
④ 결과 보고: 프로그램 운영과 관련된 이해 당사자들이 이해하고 활용하기 쉽도록 평가 결과를 정리하여 보고한다.

2 가치판단평가 모형

1) 가치판단평가 모형의 개념

교육을 평가하는 것은 매우 중요하다. 왜냐하면 교육평가는 교육의 계획부터 과정 그리고 결과에 이르기까지의 전 과정을 평가하는, 즉 교수-학습방법의 모든 영역을 평가하기 때문이다. 따라서 교육평가에는 평가의 분명한 목적을 가지고 실시해야 하는데, 앞에서는 교육 프로그램의 목표가 어느 정도 달성되었느냐를 결정하는 입장에서 목표지향적평가 모형에 대해 살펴보았는데, 여기에서는 가치판단평가 모형에 대해 살펴보겠다.

가치판단 모형(Judgemental model)은 평가 그 자체가 얼마나 유리한가 혹은 좋은가라는 전문가의 판단에 주된 관심을 가지고 있기 때문에 무엇보다도 중요한 것은 평가자의 전문적인 능력을 통하여 교수-학습방법의 가치를 판단하는 과정이 매우 중요하다. 왜냐하면 평가자로서 전문적인 능력을 가지고 있지 않는다면 그 평가는 주관적인 자기 입장에서 이루어지는 평가이기 때문에 타당성과 신뢰성을 보장받기는 어렵기 때문이다. 까닭에 평가를 할 수 있는 전문적인 능력을 가진 평가자가 교수-학습의 가치를 판단하는 것이 가치판단 모형이다.

2) 가치판단평가 모형의 유형

가치판단평가 모형의 대표적인 학자는 스크리븐(Scriven)과 스테이크(Stake)인데 각각의 가치판단평가 모형 그리고 아이즈너(Eisner)의 예술적 비평 모형에 대해 살펴보면 다음과 같다.

(1) 스크리븐(Scriven)의 탈목표 모형

첫째, 스크리븐이 강조한 가치판단평가 모형은 탈목표 모형이었다. 그는 교육목표와는 상관없이 '소비자들이 무엇을 원하는가?'에 대한 관점으로부터 출발하여 실시하고 있는 프로그램이 실제적으로 가치가 있는가라는 측면에서 평가의 가치를 두었다.

둘째, 스크리븐은 주요 목표는 교수-학습방법을 개선하는 것이었다. 즉, 그는 교육의 목표가 어떻게 되었든지, 분명한 것은 학습자들이 원하는 관점에서 교수-학습방법을 실시하는 것이었다. 따라서 학습자들이 원하는 것이 아니라면 교수자가 아무리 학습자에게 좋은 교수-학습방법이라고 할지라도 학습자가 원하는 교육 프로그램으로 바꾸어야 한다.

셋째, 스크리븐은 과정평가와 결과평가가 구별되어야 하지만 결과평가도 중요하다고 했다. 과정평가는 평가도구가 양호하였는가, 즉 평가를 도구의 제작 그리고 통계적 처리 등의 분석을 말한다. 결과평가는 평가 자체가 얼마나 효과가 있었는가, 평가에 의해 변화가 있었는가, 즉 평가로 인한 부작용과 대안을 분석하는 평가를 의미한다. 즉, 가치판단평가를 위해서는 과정평가와 아울러 결과평가도 중요하게 여기는 평가이다.

넷째, 스크리븐은 평가자의 역할에 따라 형성평가와 총괄평가를 구분하면서 형성평가를 강조하였다. 형성평가는 지속되고 있는 수업과정을 개선하기 위해 형성적으로 실시하는 평가를 의미한다. 총괄평가는 모든 수업과정을 끝마쳤을 때 수업 전체의 가치가 어떠하였는가에 대한 총합적인 평가이다. 스크리븐은 가치판단평가 모형에서 수업과정을 개선하는 평가인 형성평가를 더 중요하게 생각했다.

다섯째, 스크리븐은 평가자가 사전에 정해진 목표가 얼마나 성취되었는가보다는 목표 그 자체의 가치를 평가해서 목표가 무의미할 때는 거부해야 한다고 하였다. 즉, 그는 목표 자체의 가치와 질에 대한 평가를 중요시 하였다.

여섯째, 스크리븐은 교수-학습방법이 의도하고 있는 효과뿐만 아니라 의도되지 않는 부수적 효과까지 포함하여 실제 효과를 평가해야 한다고 하였다.

마지막으로, 스크리븐은 프로그램에 대한 부수효과를 확인할 때에는 목표 대신 표적 집단의 요구를 준거로 사용하여 평가하는 것을 제시하였다. 즉, 소비자가 요구하는 것을 중심으로 소비자 중심평가가 이루어져야 한다는 것이다.

(2) 스테이크(Stake)의 종합상실 모형

스테이크는 평가를 통한 교육과정의 개선을 주장하고 평가 대상교육과정에 대한 기술 및 판단을 강조하는 접근 방법을 고안하였는데, 교사들이 자신의 수업 방식을 명확히 이해하고 수업 이론의 발전에 기여하려면 전체적인 평가 국면을 정확히 검토해야 한다고 했다.

첫째로, 스테이크는 교육평가 모델에 대해 스크리븐과 같이 평가를 가치판단과정으로 보고 있으나 기술적 측면을 동시에 강조하고 있다는 차원에서 차이가 있다. 즉, 가치판단평가는 교육 프로그램의 여러 측면에 대한 기술과 판단을 내리는 과정이라는 것이다.

둘째, 그는 기술적 행위에 있어서 의도적인 측면과 관찰적인 측면으로 구분되어 이루어져야 한다면서 판단행위로는 사용된 표준이 무엇이며, 실제적 판단은 무엇인가로 구분되어야 하며, 판단과정은 상대적 비교와 절대적 비교를 사용하여 그 가치와 장점을 분석하는 과정이라고 했다.

셋째, 그는 종합실상 모형에서 관찰과 수집해야 할 자료를 선행요건(antecedent), 실행요인(transaction), 성과요인(outcomes)에 관한 자료로 구분하였다. 성행요건으로는 수업실시 이전 학습자의 특성, 교육과정, 교육시설, 학교환경 등을 말한다. 실행요인으로는 수업 중 교사와 학생, 학생과 학생 간의 상호작용과정을 비롯하여 질의, 설명, 토론, 숙제, 시험 등과 같이 프로그램 실행과정에서 작용하는 요인들을 말한다. 성과요인은 수업 프로그램에 의해 나타난 학습자의 학업성취도, 흥미, 동기, 태도, 프로그램 실시가 교사와 학교, 학부모 그리고 지역사회에 미치는 영향을 의미한다.

출처: 김석우·김대현(2001). 교육과정 및 교육평가. 서울: 학지사, p. 301.

그림 4-2 종합실상 모형의 구조

그림 4-2에서와 같이 먼저 수집된 기술 자료를 선행요건, 실행요인, 성과요인별로 프로그램 목표에서의 의도와 운영에서 관찰된 것을 분리해 정리한다. 판단자료도 행렬표를 작성한 뒤에 기술 자료의 연관성과 합치도를 분석한다. 그리고 의도와 실세 관찰을 구분히어 선행요건, 실행요인, 성과요인 간의 연관성을 점검하는 것을 연관성 분석이라 하고, 각 요인별로 논리적으로 탐색해서 정한, 경험적으로 관찰된 결과가 일치하는 정도를 분석하는 것을 합치도 분석이라 한다. 또한 프로그램의 질 판단을 위해 표준을 정한 다음 그것을 준거로 하여 기술적 자료를 분석, 정리한 결과의 가치와 중요성을 매기고 판단 자료와 행렬표 역시 연관성과 합치도를 점검한다(김석우 · 김대현, 2001).

(3) 아이즈너(Eisner)의 예술적 비평 모형

아이즈너는 교육평가에 대한 접근에서 과학적이고 기술적 접근의 부작용을 없애기 위해 예술작품을 감정 또는 평가할 때 그 분야의 전문가가 사용하는 방법과 절차를 교육평가에 적용하였다. 즉, 평가자가 교육현상을 보고 교육활동의 질을 판단할 수 있는 교육적 감식안과 교육비평을 지닌 전문가가 교수-학습의 질적 가치를 판단하는 것을 표현적 비평 모형이라고 한다. 여기서 질적평가로는 교육적 감식안과 교육비평으로 이루어지는데, 교육적 감식안은 학생들의 성취 형태 사이의 미묘한 질적 차이를 감지할 수 있는 능력으로 개인적 평가와 감상하는 기술을 말한다. 또한 교육비평은 감식안을 가진 사람만이 감지할 수 있는 미묘한 차이를 비전문가가 이해할 수 있도록 언어로 표현하는 것을 말한다. 즉, 은유, 비유, 제안, 암시 등의 전문가의 세련된 인식을 문서화하여 공개하는 표현을 기술, 해석, 공적평가, 남에게 전달하는 기술 등을 통해 일반인의 이해를 돕게 하는 과정이라고 할 수 있다.

3) 가치판단평가 모형의 특징

지금까지 스크리븐의 탈목표 모형, 스테이크의 종합상실 모형 그리고 아이즈너의 표현적 비평 모형에 대해 살펴보았는데, 가치판단평가 모형의 특징을 살펴보면 다음과 같다.

첫째, 내재적 준거와 외재적 준거를 구별하면서 기존의 내재적 준거 위주에서 탈피하여 외재적 관심을 기울여야 한다고 하였다. 즉, 평가 자체의 효과, 평가에 의한 변화, 평가의 부작용과 역작용에 대한 대안 등에 관심을 기울여야 한다는 것이다.

둘째, 평가자에 따라 평가를 형성평가와 총합평가를 구분하고 있으면서도 형성평가를 강조하였다. 즉, 수업과정을 개선하기 위한 평가를 더 강조하였다.

셋째, 목표 자체의 가치와 질에 대한 평가를 중요시 하였다. 즉, 평가자는 목표의 성취 정도뿐만 아니라 목표 자체의 가치에 대해서도 관심을 기울여야 한다는 것이다.

넷째, 평가를 가치판단과정으로 보면서도 기술적 측면을 동시에 강조하였다.

다섯째, 평가는 전문가가 교육적 감식안과 교육비판을 이용하여 질적 가치를 판단하는 활동이라고 했다.

4) 가치판단평가 모형의 장점

가치판단평가의 장점으로는 목표가 전혀 없는 상황에서도 평가 수행이 가능하다. 그러므로 가치판단평가는 목표에 반영되어 있지 않은 프로그램의 부수적 효과를 탐색하는데도 관심 있는 장점이 있다.

3 의사결정 모형

1) 의사결정 모형의 개념

평가는 의사결정의 대안을 판단하는 데 적절한 정보를 획득하고, 기술하고 제공하는 과정으로 설명하는 것을 의사결정 모형이라고 한다(Stufflebean, 1973). 의사결정 모형에서 교육평가는 의사결정자에게 유용한 정보를 제공함으로써 의사결정을 촉진하고 돕는 활동을 의미한다(김진규, 2014).

교육평가의 결과는 교육의 개선 및 발전에 활용되어야 하며, 평가 결과를 활용한다는 것은 합리적인 의사결정을 돕기 위해 평가결과를 사용하는 행위를 의미하기 때문에 의사결정 모형으로 간주될 수 있는 평가 모형이다. 평가 모형은 다양하지만, 그중에서 스터플빈(Stufflebeam)의 CIPP 모형과 알킨(Alkin)의 CSE 모형이 가장 대표적인 모형이다(변창진 외, 1996).

2) 의사결정 모형의 유형

(1) 스터플빔(Stufflebeam)의 CIPP 모형

스터플빔의 CIPP 모형은 평가활동과 의사결정 사이의 순환관계라 할 수 있으며, 평가자는 의사결정자에게 필요한 정보를 제공함으로써 의사결정을 원활하게 하고, 계속적인 평가활동을 통해 이전 단계에서 내린 의사결정을 재검토할 수 있는 새로운 정보를 제공해 준다. 또한 스터플빔은 교육과정을 올바로 평가하기 위해서는 일련의 체계적 활동인 교육과정에 대해 상황(context), 투입(input), 과정(process), 산출(product)을 종합적으로 고려하여야 한다고 주장하였다. 즉, CIPP평가 모형은 4가지 평가 유형(상황평가, 투입평가, 과정평가, 산출평가)으로 구성된 복합적 평가 모형이다.

① 상황평가(context evaluation): 상황평가는 프로그램을 실시함에 있어 전반적인 상황을 분석하여 필요한 조건과 실제 상황을 명시하고 필요조건과 실제 상황이 맞지 않는 부분과 이유, 해결방안을 확인 · 진단하는 과정을 말한다. 이 평가의 목적은 교육 프로그램의 목표의 타당성과 실현가능성에 대해 판단을 진단하는 것이다.

② 투입평가(input evaluation): 투입평가는 프로그램의 목적을 성취하기 위해 소요되는 물적 · 인적 자원에 대한 평가이며, 잠재적 요인과 이를 극복할 가능성 여부 그리고 장애를 극복하지 못했을 경우 예상되는 결과, 목적에 비추어 본 설계의 적합성 등을 고려해서 진단하는 과정을 말한다. 이 평가의 목적은 프로그램의 요구와 환경에 비추어 적절한 대안을 고려하고, 계획을 전개하고 도움을 주는 데 있다.

③ 과정평가(process evaluation): 과정평가는 프로그램이 계획대로 실행되고 있는지를 정기적으로 점검하고 개선하기 위하여 의사결정에 도움을 주는 과정을 말한다. 이 평가의 목적은 프로그램이 계획대로 실행하고 있는지, 가용자원을 효과적으로 활용하고 있는지에 관한 피드백을 제공하고, 계획을 수정하기 위한 지침을 제공하는 것이다. 과정평가에서 활용하는 방법으로는 참여적 관찰, 집단토의, 설문조사 등이 있다(김진규, 2014).

④ 산출평가(product evaluation): 산출평가는 프로그램이 종료된 후에 프로그램의 성과를 측정하는 평가를 말한다. 이 평가의 목적은 산출평가를 통하여 수집한 정보를 가지고 프로그램의 계속 및 변경 여부를 판단하는 역할을 수행한다. 궁극적으로는 프로그램의 성과를 종합적으로 확인하여 프로그램의 질과 프로그램 사용자의 요구에 충족된 정보를 공개하여 프로그램의 성과를 정확하게 판단 · 해석하는데 조력하는 것이다. 산출평가는 프로그램이 종결되었을 때 하는 것이 보통이지만, 프로그램을 시행하는 동안 몇 번이라도 실시할 수 있고, 프로그램이

끝난 다음 수년 후에도 할 수 있다(권순달 외, 2016).

이러한 스터플빔의 CIPP 모형은 프로그램의 다양한 측면들을 다양한 형식의 평가를 통하여 정보를 획득할 수 있다는 점, 프로그램의 개선을 중시, 그러한 개선을 위해 의사결정자에게 가장 적절한 정보를 제공해 줄 수 있다는 장점을 가지고 있다. 하지만 평가자와 가치문제와 판단을 회피하고, 중요한 가치판단을 의사결정자에게 위임하는 점에서 평가자는 단지 정보를 수집하고 제공하는 방법론자의 역할로 제한한다는 단점을 가지고 있다(송인섭 외, 2017).

(2) 알킨(Alkin)의 CSE 모형

알킨의 CSE 모형은 의사결정자가 선택할 수 있는 여러 대안 중에서 최선의 방안을 선택하는 데 필요한 데이터를 요약하고 정리하여 제공하기 위한 목적으로 한다. 알킨은 의사결정을 내려야 할 사안 또는 영역을 확인하여 관계 정보를 선정, 수집, 분석하는 과정을 평가라 정의하였다.

의사결정자가 선택할 수 있는 여러 대안 중에서 최선의 방안을 선택하는 데 필요한 데이터를 요약하고 정리하기 위한 목적에서는 CIPP 모형과 유사하지만, 알킨의 CSE 모형에서는 프로그램 실행과 개선을 분리하여 각각 독립적으로 평가하지 않으면 정확한 평가가 이루어지지 않는다는 부분에서는 차이가 있다.

알킨의 CSE 모형에서 평가절차는 체계사정평가, 프로그램 계획평가, 프로그램 실행평가, 프로그램 개선평가, 프로그램 승인평가로 구분하고 있다.

① 체계사정평가: 체계사정평가는 특정 상황에 적합하거나 필요한 교육목표를 선정하기 위해 교육목표의 폭과 깊이를 결정하는 데 있어야 할 정보를 수집하는 과정을 말한다. 즉, 추구하고자 하는 목표와 현재

상태 간의 격차를 요구라고 했을 때 학생, 지역사회, 국가, 학계의 요구를 확인하여 교육을 통해 기대하는 요구와 체계 및 현상의 차이를 확인, 비교하는 평가이다(김진규, 2014).

② 프로그램 계획평가: 프로그램 계획평가는 체계사정평가에서 확인 · 선정한 체계의 교육적 요구를 충족시킬 수 있는 여러 방안 중에 가장 효과적인 방안을 선택하는 데 필요한 정보를 수집하는 과정을 말한다.

③ 프로그램 실행평가: 프로그램 실행평가는 프로그램을 선택 · 결정한 다음 실제로 운영했을 때 프로그램 계획평가 단계에서 기대하고 결정한 사항이 어느 정도 충족되고 있는지를 확인하는 과정을 말한다. 즉, 프로그램을 계획할 당시 설정한 운영지침들이 제대로 가동되는지를 점검할 목적으로 교육 시스템에 투입된 변인, 조건들이 실제 운영상에서 나타난 투입조건과 일치되는 정도를 확인하는 평가이다.

④ 프로그램 개선평가: 프로그램을 개발하는 과정에서 계속 보완하고 기존 프로그램도 수정해야 함으로써 프로그램 개선에 필요한 정보의 수집과 제공은 프로그램 평가에서 중요한 위치를 차지한다. 프로그램 개선평가는 개선 · 보완에 필요한 정보가 주어지면 즉각적으로 개입해서 적절한 조치를 취하고, 그 효과 또는 변화를 확인 · 검증하는 과정을 말한다.

⑤ 프로그램 승인평가: 어떤 프로그램의 채택 여부를 결정하려고 하면 의사결정자에게는 프로그램의 질에 대한 전체적인 종합평가결과가 필요하다. 프로그램 승인평가는 의사결정자가 프로그램 채택을 유보할 것인지, 부분적으로 수정하여 실시할 것인지, 적극적으로 채택하고 보급할 것인지를 결정할 즈음에 있어야 할 정보를 수집 · 제공하기 위한 평가를 말한다(권순달 외, 2016).

이렇듯 의사결정 모형 중 가장 대표적인 모형인 스터플빔의 CIPP 모형과 알킨의 CSE 모형을 살펴보았다. 의사결정 모형의 특징을 살펴보면 다음과 같다. 첫째, 기존의 평가 모형에 비하여 폭넓은 대상을 평가하였다. 둘째, 프로그램의 여러 상황 및 국면에 대한 평가가 가능하였다. 셋째, 의사결정과 평가 간의 체계적 접근이 가능하였다. 넷째, 평가 절차가 계열적이고 일관성 있는 평가가 가능하였다는 점이다. 그러나 평가자 역할의 감소, 개념의 조작적 정의 문제, 의사결정방법에 대한 구체적 설명 부족, 현실성 부족 등이 비판을 받고 있다.

연습문제

01 교육 모형 중 '미리 설정하여 놓은 목표를 평가의 기준으로 삼아 그 목표가 실현된 정도를 판단하는 데 초점을 두는 입장으로 교육평가를 교육 프로그램의 목표가 어느 정도 달성되었는가를 평가하는 모형은?

02 프로버스(Provus)의 불일치 모형의 절차를 적으시오.

03 하몬드(Hammond) 모형의 3요인에 대하여 설명하시오.

04 타일러(Tyler)의 목표달성 모형의 장점을 설명하시오.

05 교육평가의 모형 중 가치판단평가 모형에 대해 설명하시오.

06 가치판단평가 모형의 유형에 대해 쓰시오.

07 스테이크(Stake)의 종합상실 모형에서 관찰 · 수집해야 할 자료 3가지 요인을 쓰시오.

08 가치판단평가 모형의 장점에 대해 쓰시오.

09 의사결정 모형에 대해 설명하시오.

10 스터플빔(Stufflebeam)의 CIPP 모형의 4가지 평가 유형이 아닌 것은?

① 상황평가 ② 사정평가 ③ 투입평가
④ 산출평가 ⑤ 과정평가

11 알킨(Alkin)의 CSE 모형 평가절차 중 체계사정평가에서 확인, 선정한 체계의 교육적 요구를 충족시킬 수 있는 여러 방안 중에 가장 효과적인 방안을 선택하는 데 필요한 정보를 수집하는 평가 절차는 무엇인가?

① 프로그램 승인평가 ② 프로그램 개선평가 ③ 프로그램 실행평가
④ 프로그램 산출평가 ⑤ 프로그램 계획평가

정답

01 목표지향평가 모형 혹은 목표지향 모형

02 ① 프로그램의 정의 및 설계, ② 프로그램의 실행, ③ 프로그램의 과정, ④ 프로그램의 결과, ⑤ 비용-효과분석

03 하몬드는 교육 프로그램을 기술하고 평가변인들을 조직하기 위한 목적으로 3차원 입방체(수업, 기관, 행동)를 고안하여 개념화하였음. 수업요인에는 조직, 내용, 방법, 시설, 비용, 기관요인에는 학생, 교사, 관리자, 교육전문가, 학부모, 지역사회, 프로그램 내용을 지칭하는 행동은 인지적, 정의적, 심동적 영역으로 분류하였음

04 첫째, 교육목표, 교육내용, 교육평가 간의 논리적인 일관성을 유지한다는 점, 둘째, 명확한 평가 기준에 근거하여 평가를 실시한다는 점, 셋째, 평가를 통해 목표의 실현 정도를 평가한다는 점이다.

05 평가를 할 수 있는 전문적인 능력을 가진 평가자가 교수-학습의 가치를 판단하는 평가 모형을 말한다.

06 ① 스크리븐의 탈목표 모형, ② 스테이크의 종합상실 모형, ③ 아이즈너의 예술적 비평 모형

07 ① 선행요인, ② 실행요인, ③ 성과요인

08 가치판단평가의 장점으로는 목표가 전혀 없는 상황에서도 평가 수행이 가능하다. 그러므로 가치판단평가는 목표에 반영되어 있지 않은 프로그램의 부수적 효과를 탐색하는데도 관심 있는 장점이 있다.

09 평가는 의사결정의 대안을 판단하는 데 필요한 적절한 정보를 획득하고, 기술하고 제공하는 과정으로 설명하는 것을 의사결정 모형이라고 한다. 의사결정 모형에서 교육평가는 의사결정자에게 유용한 정보를 제공함으로써 의사결정을 촉진하고 돕는 활동을 의미한다.

10 ②

11 ⑤

교육평가의 유형은 다양하다. 교수－학습과정의 단계 중 어느 시점에 어떤 목적으로 시행하느냐에 따라 진단평가, 형성평가, 총합평가로 구분된다. 또한 검사 점수에 가치를 부여하기 위해 어떤 평가기준을 사용하느냐에 따라 준거지향평가와 규준지향평가로 구분할 수 있으며, 평가대상에 따라 능력참조평가와 성장참조평가로 구분하고 있다.

CHAPTER

05

교육평가의 유형

1 평가기능에 따른 유형

1) 진단평가

학교현장에서는 종종 과거 학습의 정도, 준비도, 흥미, 동기 상태 등 학습자의 특성이 교수의 효율화와 학습의 능률을 향상시키는 데 중요한 역할을 하므로 학습자의 특성을 수업 전에 진단하는 일은 중요하다.

진단평가(diagnostic evaluation)는 교수활동이 시작되기 전에 학습자의 특성을 체계적으로 측정하는 행위로, 학습자들의 능력과 특성을 사전에 파악하여 교육목표 및 계획을 수립하는 데 목적을 둔다. 다시 말해 교수활동이 시작되는 초기 단계에서 수업전략을 위한 기초 자료를 얻고, 어떠한 교수-학습방법이 적절한지를 결정하기 위하여 학습자의 기초 능력을 진단하는 평가이다.

진단평가의 목적은 첫째, 수업의 출발점에서 학생을 알맞은 자리에 적절히 정치(수업 집단의 편성)하기 위한 자료를 수집하는 데 있다. 둘째, 수업에 앞서서 학생들의 출발점 행동을 진단하고 평가하는 데 목적이 있다. 셋째, 수업의 전개과정에서 학생들의 학습실패의 근본적 원인을 발견하는 데 목적이 있다(강봉규 · 박성혜 · 최미리, 2014). 이러한 목적을 지닌 진단평가의 예로는 수업시간 전에 실시하는 쪽지검사나 퀴즈, 수업을 실시하기 전에 복습 여부를 묻는 질문 등을 들 수 있다. 특히 진단평가에서는 준비도검사, 적성검사, 자기보고서, 관찰법 등의 다양한 평가도구를 사용할 수 있다(김대현 · 김석우, 2017).

진단평가의 역할은 크게 4가지 정도로 제시될 수 있으며, 그 내용은 다음과 같다(강봉규 외, 2014).

첫째, 수업집단의 편성이나 다른 정치활동에 필요한 정보를 적절히 제공해 준다.

둘째, 진단평가는 가장 알맞은 출발점에 학생들을 배치시킬 수 있다.

셋째, 형성평가와 더불어 수업의 지도과정에서도 실시될 수 있으며, 형성평가로 밝혀진 학습결손의 원인이 수업과 관련이 없는 요인에 의한 것인지 혹은 아닌지를 밝히는 데 도움을 준다.

넷째, 규준참조평가에 도움을 준다. 진단의 결과는 어떤 규준집단의 성취수준과 비교되어 해석된다. 한 학생의 점수는 어떤 비교집단 내에서의 서열이나 석차를 의미한다. 기본적으로 측정된 각 행동 특성별로 한 개인이 다른 사람들에 비해서 잘하는지, 못하는지를 파악할 수 있게 한다.

이러한 역할을 토대로 진단평가의 기능은 크게 예진적 기능, 학습 실패의 교육 외적인 원인 파악을 들 수 있다.

① 예진적 기능: 학습자의 기본적인 학습능력, 학습동기, 선수학습의 정도를 확인하는 것이다. 학교교육현장에서 새로운 단원에 대한 수업을 진행할 때, 학급 내 개개 학습자의 선수학습과 사전학습 정도를 정확하게 파악하여 이를 학습지도에 활용할 수 있도록 한다.

② 학습 실패의 교육 외적인 원인 파악: 수업과 직접적인 관련성이 없으면서 학습 실패의 원인이 되고 있는 여러 가지 학습장애 요인을 밝히는 것이다. 즉, 학습자가 학습에서 나타내는 지속적인 학습장애의 원인과 학습자의 학습 환경에 관한 정보를 수집하여 적절한 의사결정을 할 수 있다. 이러한 외적 원인은 신체적, 정서적, 환경적인 것으로 분류될 수 있는데, 신체적 요인은 건강 상태의 이상, 운동감각기능의 장애 등이 있으며, 정서적 요인은 심리적 갈등이 주된 요인이다. 환경적 요인으로는 물질적 · 경제적 빈곤에서 문화 실조에 이르기까지 다양한 요인이 있게 된다.

진단평가의 절차와 방법은 교육내용에 따라 다양하다. 진단평가의 방법은 다음과 같다.

① 선행학습 성취도의 진단: 학년이나 학기 초 또는 새로운 교과, 새로운 단원이 시작될 때 흔히 학급의 모든 학생들을 똑같은 출발점에 놓고 수업이 시작되고 있다. 모든 학생이 똑같은 수준에서 출발하도록 수업이 시작된다면, 이미 출발점 이상으로 목표를 달성한 학생은 권태와 무관심, 수업에 대한 흥미를 상실하고, 아직 그 출발점에 이르지 못한 학생에게는 실망과 좌절을 안겨주게 된다. 일반적으로 선행학습 성취도를 알기 위한 진단은 표준화 학력검사로 할 수 있다. 이런 학력검사는 교육과정의 공통적 측면에서 학생들의 일반적인 성취수준이 어떤 것인지를 확인하는 데 도움이 된다. 이런 검사는 학생의 성적을 어휘, 독해, 철자, 어법, 연산, 수학문제해결과 같은 기본적 영역에서 규준집단의 성적과 비교할 수 있게 된다(강봉규 외, 2014).

② 학습결손의 진단: 표준화검사에서는 어떤 특정 내용 영역에서의 특정 학습결함의 정확한 진단에 필요한 정교성이 부족한 경우가 많으므로, 교과 담임교사가 직접 검사를 만들어 수업현장의 학습상황과 직결되는 진단을 할 필요가 있다. 즉, 어떤 형의 문항에서 학생 개인이나 학급 전체가 오답 반응을 나타내고 있는지를 검토하여 교정수업의 필요성을 결정하게 된다.

2) 형성평가

형성평가(formative evaluation)는 수업이 진행되는 상태에서 교육행위가 계획한대로 진행되고 있는지를 확인하는 행위이다. 즉, 교수-학습과정 중에 가르치고 배우는 내용을 학습자들이 얼마나 잘 이해하고 있는지를 수시로 점검하고, 학습자들의 수업능력, 태도, 학습방법 등을 확인함으로써 교육과정을 개선하고 교재의 적절성을 확인할 수 있다. 따라서 형성평가는 학습 및 교수가 진행되고 있는 도중에 학습의 진전 상황에 관한 정보를 수집 · 분석하여 그 수업 및 학습을 개선하기 위해 실시하는 활동이다. 따라서 형성평가는 수업중이나 단원을 학습하는 중에 수시로 실시할 수 있다.

형성평가는 교수목표에 기초한 평가이므로 철저하게 목표지향적 평가이다. 진단평가가 일반화된 기능을 측정하도록 되어 있는데 비해 형성평가는 특정 학습 단위를 위해서 구체적으로 계획된 검사이다. 형성평가에서는 총점은 아무런 의미가 없고, 문항반응 유형에 관심을 둔다. 형성평가의 두드러진 특징은 첫째, 정보의 피드백과 교정이다. 둘째, 학습의 개선을 위해 실시된다. 형성평가의 목적은 점수를 매기거나 학생의 성적을 판정하거나 교사의 능력을 평가하려는 것이 아니고, 학생의 학습을 증진시키기 위해 무엇을 개선해야 할 것인지를 추구하고 궁극적으로 완전학습을 추구하는 것이다. 셋째, 교사가 제작하는 것이 원칙이다. 형성평가는 지금 진행 중인 수업 프로그램에 관한 정보를 얻으려는 것이므로, 그 상황의 역동성을 가장 잘 파악할 위치에 있는 가르치는 교사 자신이 제작하는 것이 목적에 부합된다. 넷째, 학생들의 내재적 학습동기에 의존하고 이를 유발시킨다.

스크리븐(Scriven, 1967)은 형성평가의 주된 기능을 다음과 같이 제시하였다(김대현 · 김석우, 2017).

① 학습자들의 학습 진행 속도를 조절한다. 교과내용의 분량이 많거나 학습내용이 일정한 선후관계에 의하여 조직되어 있을 때, 적절한 빈도로 평가를 실시함으로써 학습 진행속도를 조절할 수 있다.
② 학습자의 학습에 대한 강화 역할을 한다. 학습자는 설정된 학습목표를 거의 달성하였다는 사실을 형성평가를 통해서 확인할 수 있으므로 그 뒤의 학습을 보다 용이하게 해줄 수 있고 학습동기를 더욱 유발시켜 준다.

③ 학습 곤란을 진단하고 교정한다. 형성평가는 학습자에게 교육목표에 비추어 무엇을 성취하였고, 무엇을 더 학습해야 하는지에 대하여 구체적으로 알려주는 장점이 있으므로, 학습자 스스로 자신의 학습 곤란을 파악하고 해결해 나갈 수 있도록 돕는다.

④ 학습지도방법의 개선에 이바지할 수 있다. 형성평가를 통하여 교사는 자신이 가르친 학습자에 대한 교수방법의 단점을 구체적으로 분석하고 이를 개선할 수 있다.

형성평가를 실시하는 절차는 학자들에 따라 다양하게 제시되고 있는데, 형성평가의 방법을 구체적으로 제시하면 다음과 같다(강봉규 외, 2014).

① 첫째 과정은 학습단위를 분석하고 확인, 선택하여 그것을 결정하는 일이다.

② 결정된 학습단위는 내용소(content components)와 행동소(behavior components)로 세분화하여 분석된다.

③ 세분화된 학습단위 속의 목표는 위계가 이루어지도록 조직되어야 한다.

④ 조직된 목표를 바탕으로 이원분류표를 작성한다.

⑤ 이원분류표에 의거하여 평가도구를 제작 · 분석한다.

⑥ 형성평가의 분석은 학생이 학습요소를 학습했느냐, 학습하지 못했는나에 의해 판단해야 한다.

⑦ 형성평가의 분석은 학생이 반응한 답의 오류가 무엇인지를 밝혀주어야 한다.

일반적으로 형성평가방법이라고 하면 쪽지시험이나 간단한 퀴즈를 연상하기도 하지만, 수업의 질 개선을 위한 비언어적 관찰법, 질문지법, 구두의 질문법 등의 다양한 평가 기법이 활용되고 있다(이종철, 2019).

3) 총합평가

총합평가(summative evaluation)란 교수-학습이 끝난 다음 교수목표의 달성, 성취 여부를 종합적으로 판정하는 평가 형태로 총괄평가라고도 한다. 즉, 총합평가는 한 과목과 학기 그리고 교육 프로그램이 끝나는 시점에서 실시하는 평가로 성취 혹은 숙달 정도와 교육목표 달성 여부를 결정하는 활동으로 정의할 수 있다. 따라서 총합평가는 학습자가 도달하도록 설정된 교육목표를 어느 정도 성취하였는지에 주된 관심이 있다(김대현 · 김석우, 2011).

총합평가의 특징은 첫째, 교수-학습이 끝난 뒤에 의사결정을 위해 평가한다. 둘째, 교사보다는 교육평가전문가에 의해 제작된 검사도구를 주로 사용한다. 셋째, 평가목적에 따라 준거참조평가와 규준참조평가를 혼용하여 평가한다(성태제, 2009).

이러한 특징을 지닌 총합평가의 구체적인 기능은 다음과 같다.

① 학습자들의 성적을 결정한다. 전체 과목이나 중요한 학습내용에 대한 교수 효과가 어느 정도인지 파악할 수 있으며, 그 결과에 의해 성적, 평점을 주어 서열을 결정하는 기능을 한다.

② 학습자의 미래의 학업성적을 예측하는 데 도움을 준다. 현재의 학업성적은 미래의 학업성적과 높은 상관관계를 가질 수 있기에 현재의 성적을 평가함으로써 학습자 개개인의 미래 성적을 예측할 수 있다.

③ 집단 간의 성적을 비교할 수 있는 정보를 제공해 준다. 학습자 집단 간의 종합적인 학습 성과를 교수방법의 유형이나 학습 자료의 종류 등과 관련시켜 비교, 분석함으로써 학습 성과에 대한 정보를 수집할 수 있다.

④ 학습자의 자격을 인정하는 판단의 역할을 한다. 학습자가 지닌 기능이나 능력, 지식이 요구하는 정도의 자격에 부합되는지를 인정하기 위한 판단에 총합평가의 결과가 도움이 된다.

총합평가를 위한 절차 및 방법은 다음과 같다(강봉규 외, 2014; 성태제, 2009).

① 평가하려는 특정교과에 대한 교육목표를 확인하고 세분화해야 한다.
② 교육목표를 일반적(거시적)이고, 포괄적으로 진술하고 그것을 내용과 행동으로 세분화하는 작업을 한다.
③ 목표가 진술되면 관련하여 진술된 내용과 행동을 그대로 반영할 수 있는 문항을 제작한다. 교수-학습 전반의 내용을 포함하며 다양한 정신능력을 측정하기 위하여 다양한 문항 형태를 이용한다.
④ 제작된 문항은 난이도 순으로 편집한다. 문항제작이 제대로 될 때 총합평가의 목적이 그대로 적중할 수 있다.

표 5-1 진단평가, 형성평가, 총합평가의 비교

구분 / 내용	진단평가	형성평가	총괄평가
목적	학습곤란도 예진 교육정치의 기능	교수-학습방법의 개선 피드백 제공	교육목표 달성도 확인 선발배치의 기능
시기	새 학년, 새 학기, 새 단원, 새 주제가 시작될 때	새 단원, 새 주제가 끝났을 때	교수-학습 완료 후
평가주체	교사, 교육내용전문가	교사	교육내용전문가 교육평가전문가
평가기준	준거참조평가	준거참조평가	준거참조평가 규준참조평가
평가방법	형식적 평가 비형식적 평가	수시평가 형식적 평가 비형식적 평가	형식적 평가

출처: 이종철(2019). 예비교사를 위한 교육평가의 탐색.

2 평가기준에 따른 유형

1) 준거지향평가

준거지향평가(criterion-referenced evaluation) 혹은 절대비교평가는 학습자들의 현재의 성취 수준이나 교육목표의 도달 정도를 알아보는 평가이다. 즉, 다른 학습자와 상대적인 비교를 하는 것이 아니라 교육 또는 교육목표에 비추어 평가하는 것이다. 이런 면에서 준거지향평가를 목표지향평가(goal-oriented evaluation) 또는 준거참조평가, 절대평가라고도 한다. 다시 말해 준거지향평가란 학습자가 무엇을 얼마만큼 알고 있는지, 학습자가 정해진 준거나 목표에 도달하였는지를 판단하는 평가이다.

준거지향평가는 발달적 교육관에 바탕을 두고 있다. 이는 학습자의 선발이나 개인차에 관심을 가지는 것이 아니라 가능한 한 모든 학습자가 의도하는 대로 수업목표를 달성할 수 있도록 적절한 학습방법을 제공하고 평가하는 것이다. 그리고 학습 후 학습결과에 대한 평가에서도 학습자 간의 개인차보다는 수업목표를 어느 정도 달성하였는지에 관심이 집중된다.

이러한 준거지향평가의 특징은 다음과 같다(김대현, 김석우, 2011).

첫째, 검사의 타당도를 강조한다. 왜냐하면 원래 측정하려고 계획하였던 수업목표를 얼마나 충실하게 측정하고 있느냐에 중점을 두기 때문이다.

둘째, 검사 점수의 부적 편포를 기대한다. 즉, 모든 학습자가 설정된 교육목표를 달성해 주기를 바라므로 검사 점수의 분포가 오른쪽으로 치우친, 정상 분포에서 벗어난 부적 편포를 기대한다.

셋째, 학습자 개개인에 적합한 교수-학습의 기회를 제공하면 주어진 학습목표에 도달할 수 있다는 발달적 교육관을 바탕으로 한다.

준거지향평가는 계급의식보다는 지적 성취 그 자체를 강조하고 경쟁보다는 협동학습을 중시하고, 학습 이론에 맞는 평가방법인 동시에 교육목표 달성도에 따른 평가로서 진정한 의미의 교육효과를 얻을 수 있다(이종철, 2019). 이에 준거지향평가의 장점으로는 첫째, 교수-학습 이론에 적합하므로 무엇을 알고 무엇을 모르는지를 직접적으로 제공하므로 무엇을 어떻게 가르쳐야 할 것인지에 대한 시사점을 제시해 준다. 둘째, 교육목표, 교육과정, 교수방법 등의 개선에 용이하다는 점이다. 셋째, 상대평가에 치중하지 않으므로 이해, 비교, 분석, 종합 등의 고등 정신능력을 배양할 수 있다.

반면 준거지향평가가 가지고 있는 한계점은 다음과 같다. 첫째, 준거지향평가에서는 검사 점수의 정상 분포를 부정하고 주어진 목표 달성도에 따라 점수의 의미가 규정되는 부적/정적 편포로 나타나므로 점수를 통계적으로 활용하기 어렵다. 둘째, 개인차의 변별이 쉽지 않다. 즉, 준거지향평가는 학습자 개인 간의 비교 및 우열을 판정하기 어렵다. 또한 경쟁을 통한 학습의 외재적 동기를 유발하기 어렵다. 셋째, 평가기준이 되는 수업목표의 성취기준을 설정하는 일이 어렵고, 준거의 설정 기준이 문제가 될 수 있다. 다시 말해 교육에서의 절대기준은 교수목표이지만 이러한 교수목표를 누가 정하느냐 혹은 어떻게 정하느냐는 고도의 전문성이 요구되는 문제가 된다. 절대기준평가의 가장 중요한 핵심은 누구나 동일한 교수목표의 획일성이 아니라 각 교사가 명료하게 설정된 교수목표에 따라 가르치고 이 기준에 의해 평가해야 한다는 것이다(김대현 · 김석우, 2011; 이종철, 2019). 따라서 각 교사의 전문적인 양식과 합리적 판단을 위해 교수목표설정에 관한 충분한 자료를 제공해 줄 필요가 있다.

표 5-2 준거지향평가의 장점 및 단점

장점	단점
• 교수-학습 이론에 적합함 • 교육목표, 교육과정, 교수방법 등의 개선에 용이함 • 이해, 비교 분석, 종합 등의 고등정신을 배양할 수 있음	• 개인차 변별이 쉽지 않음 • 준거의 설정 기준이 문제가 될 수 있음 • 검사 점수의 통계적 활용 불가능함

2) 규준지향평가

규준지향평가(norm-referenced evaluation) 혹은 상대비교평가에서는 한 학생이 받은 점수가 다른 학생들이 받은 점수에 의해 상대적으로 결정되는 평가 방식이다. 즉, 학습자의 평가결과를 그가 속한 집단에 비추어 상대적인 위치를 밝혀 보는 평가방법이다. 어떤 학습자의 성취 수준을 규준을 이용하여 그가 속한 집단(학급, 학교 등)에서의 상대적인 위치에 비추어 해석한다.

이러한 평가관은 선발적 교육관에 바탕을 두고 있으며, 소수의 우수자, 즉 목표나 수준에 도달한 학생을 가려내거나 학습 후에 학생집단 내에서의 학업성취 수준의 차이를 밝히려는 입장을 취한다. 따라서 학습자가 무엇을 얼마만큼 알고 있느냐에 대한 관심보다는 개인의 성취 수준을 비교집단의 규준에 비추어 상대적 서열을 판단하는 것에 관심을 둔다. 여기서 규준(norm)이란 원점수의 상대적 위치를 설명하기 위하여 쓰이는 척도로 모집단을 대표하기 위하여 추출된 표본에서 산출한 평균과 표준편차로 만들어진다.

이러한 규준지향평가의 특징은 다음과 같다(김대현 · 김석우, 2011)

첫째, 검사의 신뢰도를 강조한다. 즉, 규준지향평가에서는 학습자들의 개인차를 얼마나 오차 없이 정확하게 측정하였는가에 중점을 둔다.

둘째, 검사 점수의 정상 분포를 기대한다. 높은 점수나 낮은 점수 쪽에 편포되기보다는 좌우대칭적이고 중앙이 높은 정상분포곡선이 나타나기를 기대한다.

셋째, 학습자의 개인차를 극대화하는 선발적 기능을 강조한다.

규준지향평가의 가장 큰 장점은 첫째, 개인차 변별에 적합한 평가방법이라는 것이다. 둘째, 객관적인 검사의 제작기술을 통해 성적을 표시하기 때문에 교사의 편견을 배제할 수 있다. 셋째, 학습자들이 경쟁을 통하여 동기를 유발하는 데 유리하다. 특히 등급이나 당락을 결정할 경우의 평가는 보다 강력한 동기유발을 촉진할 수 있다.

규준지향평가의 한계점으로는 첫째, 학습자 간에 학력의 상대적 위치 또는 순위를 결정하기 때문에 과다한 경쟁심리가 조장되고, 이로 인해 인성교육을 방해할 우려가 있다. 규준지향평가는 경쟁을 강조함으로써 이로 인한 여러 가지 정서적 부작용을 학습자에게 가져다 줄 수 있다, 둘째, 무엇을 얼마만큼 알고 있는지에 관심을 두지 않기 때문에 교육목표, 교육과정, 교수방법, 학습효과 등을 경시하는 경향이 있다. 셋째, 진정한 의미의 학습효과를 비교할 수 없기에 학습자의 학업성취도에 대한 결과해석이 참다운 의미를 지니지 못한다.

표 5-3 규준지향평가의 장점 및 단점

장점	한계점
• 개인차 변별이 가능함 • 객관적 검사의 제작 기술을 통해 성적을 표시하므로 교사 편견을 배제할 수 있음 • 학습자들의 경쟁을 통하여 동기 유발에 유리함	• 교수－학습 이론에 부적절함 • 참다운 의미의 학력평가가 불가능함 • 학습자의 인성교육 방해 우려 및 정서적 부작용을 줄 수 있음

표 5-4 준거지향평가와 규준지향평가의 비교

구분 / 내용	준거지향평가	규준지향평가
교육적 신념	기대했던 목표에 누구나 다 도달할 수 있다	성공하는 학생과 실패하는 학생은 존재한다
인간관	발달적 교육관	선발적 교육관
이론적 근거	부적으로 치우친 편포곡선을 가정	정상분포곡선을 가정
개인차에 대한 입장	교육의 누적적 실패에서 오는 결과	필요 불가결한 현상
성적의 결정과정	주어진 교육목표 달성도에 의하여 그 학생의 성적을 결정	평가기준을 한 집단 내부에서 결정
평가준거	개인의 학습목표 달성도	집단의 학업성취 평균값에 의한 상대적 서열
평가도구의 의미	타당도	신뢰도

3 평가대상에 따른 유형

1) 능력참조평가

능력참조평가(ability-referenced evaluation)는 학생이 지니고 있는 능력에 비추어 얼마나 최선을 다하였느냐에 초점을 두는 방법으로 능력지향평가라고도 한다. 이는 개인을 위주로 하는 평가방법으로 각 학생의 능력과 노력에 의하여 평가된다. 다시 말해 학습자의 능력에 비하여 과분한 노력을 하는 경우에는 이를 고려하여 높은 평가를 하나, 능력이 탁월함에도 불구하고 많은 노력을 하지 않는 경우 낮게 평가한다(이종철, 2019). 예를 들어, 우수한 능력을 지녔음에도 불구하고 최선을 다하지 않은 학생과 능력이 낮더라도 최선을 다한 학생이 있을 때 후자의 성취 수준이 낮더라도 더 좋은 평가결과를 얻을 수 있다. 이와 같이 능력참조평가는 각 학생의 능력과 노력에 의하여 평가되는 특징을 지닌다(성태제, 2019).

능력참조평가의 장점으로는 첫째, 학습능력이 비교적 낮은 중하위권 학생들에게 학습동기를 불러일으킬 수 있다. 둘째, 학생 개개인에 집중해 개인에게 보다 의미 있는 개별화된 평가가 가능하다는 것이다. 그러나 몇 가지 단점도 가지고 있는데 첫째, 학생 개개인의 능력을 정확히 파악해야 본 평가를 진행할 수 있기 때문에, 능력을 객관적으로 일일이 파악하기가 교사에게 굉장히 힘들다. 둘째, 상위권 학생들이 상대적으로 박탈감을 느낄 수 있다. 셋째, 특정 기능과 관련된 능력의 정확한 측정치에 의존하게 되므로 해당 능력에 국한되어 학습자의 능력을 해석하는 한계가 있다. 넷째, 학습자의 능력은 변화하지 않는 가정에서 능력참조평가는 출발하고 있으나 이 가정은 오류가 있다(성태제, 2019; 이종철, 2019).

2) 성장참조평가

성장참조평가(growth-referenced evaluation)는 교육과정을 통하여 학습자가 얼마나 성장하였느냐에 관심을 두는 평가방법으로, 학생들에게 학업증진의 기회를 부여하고 개인차를 강조한다. 최종 성취 수준에 대한 관심보다는 초기 능력 수준에 비하여 얼마나 능력의 향상을 보였느냐를 강조하는 평가이다(이종철, 2019). 즉, 이는 사전 능력 수준과 관찰된 시점의 측정된 능력 수준 간의 차이에 관심을 둔다. 그러므로 성장참조평가는 학생들에게 학업 증진의 기회를 부여한다(성태제, 2019).

성장참조평가는 성장지향평가라고도 한다. 학생의 초기 성취 수준에 비추어 얼마만큼 성취의 향상을 보였는지에 초점을 둔다. 성장참고평가의 결과가 타당하기 위해서는 세 가지 조건이 충족되어야 한다(Oosterhof, 2001; 이종철, 2019 재인용).

첫째, 사전에 측정한 점수가 신뢰되어야 한다.
둘째, 현재 측정한 측정치가 신뢰되어야 한다.
셋째, 사전 측청치와 현재 측청치의 상관이 낮아야 한다.

즉, 사전에 측정한 측정치나 현재 측정한 측정치가 신뢰되지 않는다면 능력의 변화를 분석하기 어렵다는 것이다.

성장참조평가의 장점으로는 첫째, 먼저 개인의 특성에 맞는 개별화교육이 가능하다는 점이다. 학생 개개인이 얼마나 더 많이 성장했느냐에 관심을 두므로, 개인의 특성에 맞는 개별화교육이 가능하다. 둘째, '노력한 만큼 나온다'는 평가 준거가 학생들로 하여금 학습 동기를 이끌어내도록 해 장기적으로 학습능력 촉진을 유도할 수 있다. 단점으로는 신뢰도 문제와 객관도 문제가 있다. 사전 성취검사에서 나온 점수와 현재 성취검사에서 나온 점수차가 클수록 높은 점수를 부여하기 때문에, 학생들이 일부러 잘못된 답을 작성할 수 있다. 또한 학생들의 사전 능력 수준과 현재의 능력 수준을 객관화된 검사가 아닌 교사의 판단에 의해 결정하므로 교사의 주관적 판단이 개입되어 객관도가 낮아질 수 있다.

표 5-5 능력참조평가와 성장참조평가 비교

구분 내용	능력참조평가	성장참조평가
교육신념	개별학습	개별학습
강조점	최대 능력 발휘	능력의 변화
비교대상	수행정도와 소유 능력	성장, 변화의 정도
개인차	극대화하지 않음	극대화하지 않음
이용도	최대 능력 발휘 교수적 기능 강조	학습 향상 교수적 기능 강조

출처: 성태제(2019). 교육평가의 기초.

연습문제

01 다음은 진단평가의 목적을 설명한 것이다. 틀린 것은?

① 수업의 출발점에서 학생을 알맞은 자리에 적절히 정치하기 위한 자료를 수집하려는 데 있다.
② 수업에 앞서서 학생들의 출발점 행동을 진단하고 평가하는 데 목적이 있다.
③ 수업의 전개과정에서 학생들의 학습실패의 근본적 원인을 발견하는 데 목적이 있다.
④ 교수－학습과정 중에 가르치고 배우는 내용을 학습자들이 얼마나 잘 이해하고 있는지를 파악하기 위한 목적이 있다.

02 다음에 설명하고 있는 평가의 유형을 적으시오.

> 학습 및 교수가 진행되고 있는 도중에 학습의 진전 상황에 관한 정보를 수집·분석하여 그 수업 및 학습을 개선하기 위해 실시하는 평가로 수업중이나 단원을 학습하는 중에 수시로 실시할 수 있다.

03 스크리븐(Scriven, 1967)이 제시한 형성평가의 주된 기능을 설명하시오.

04 총합평가의 개념과 기능을 설명하시오.

05 평가기준에 따른 평가 유형 중 다른 학습자와 상대적인 비교를 하는 것이 아니라 교육 또는 교육목표에 비추어 평가하는 유형은?

06 다음은 규준지향평가의 특징이다. 틀린 것은?

① 검사의 신뢰도를 강조한다.
② 검사의 타당도를 강조한다.
③ 학습자의 개인차를 극대화하는 선발적 기능을 강조한다.
④ 검사 점수의 정상 분포를 기대한다.

07 다음에 설명하고 있는 평가의 유형을 적으시오.

> 학생이 지니고 있는 능력에 비추어 얼마나 최선을 다하였느냐에 초점을 두는 유형이다. 이는 개인을 위주로 하는 평가방법으로 각 학생의 능력과 노력에 의하여 평가된다.

08 성장참조평가의 장점을 적으시오.

정답

01 ④

02 형성평가

03 ① 학습자들의 학습 진행 속도를 조절한다. ② 학습자의 학습에 대한 강화 역할을 한다. ③ 학습 곤란을 진단하고 교정한다. ④ 학습지도방법의 개선에 이바지할 수 있다.

04 교수-학습이 끝난 다음 교수목표의 달성, 성취 여부를 종합적으로 판정하는 평가 형태를 의미한다. 총합평가의 구체적인 기능은 ① 학습자들의 성적을 결정한다. ② 학습자의 미래의 학업성적을 예측하는 데 도움을 준다. ③ 집단 간의 성적을 비교할 수 있는 정보를 제공해 준다. ④ 학습자의 자격을 인정하는 판단의 역할을 한다.

05 준거지향평가

06 ②

07 능력참조평가

08 첫째, 먼저 개인의 특성에 맞는 개별화교육이 가능하다. 둘째, '노력한 만큼 나온다'는 평가준거가 학생들로 하여금 학습 동기를 이끌어내도록 해 장기적으로 학습 능력 촉진을 유도할 수 있다.

좋은 평가도구가 갖추어야 할 조건에는 타당도, 신뢰도, 객관도, 실용도를 들 수 있다. 어떠한 평가이든 측정도구가 신뢰롭고 정확해야 한다. 마치 길이를 측정하기 위해서는 자가 표준이어야 하며 자에 표시된 값을 제대로 해석해야 한다.

CHAPTER 06

평가도구의 조건

1 타당도

1) 타당도의 개념

타당도(validity)란 어떤 검사가 본래 측정하려고 하는 바를 어느 정도 충실하게 측정하고 있느냐하는 정도를 나타내는 것이다. 즉, 어떤 검사가 "무엇을 재고 있느냐?"로 표현되며, 평가도구가 측정하고자 하는 구체적인 목표나 내용을 제대로 측정하고 있는가의 정도를 말하는 것이다. 타당도는 어디에 초점을 맞추는가에 따라 내용타당도, 준거타당도, 구인타당도가 있다. 타당도를 다르게 분류하는 사람들도 있으나, 결국 내용 · 준거 · 구인(개념)에 대한 타당성이다.

타당도의 개념은 다음과 같은 두 가지 관점에서 정의를 한다(이종승, 2012).

첫째, 타당도란 측정하고자 하는 어떤 본래의 특성 또는 현상을 얼마나 충실하게 측정하고 있느냐 하는 정도로 정의할 수 있다. 측정도구가 본래 측정하려고 의도한 바로 그 특성을 충실히 측정할수록 그 도구는 타당성이 높다. 예를 들어, 아동의 창의성을 측정하기 위하여 제작한 창의성검사는 창의성을 제대로 측정하기에 알맞도록 만들어야 타당한 것이 되지, 창의성이 아닌 다른 특성을 측정하는 결과가 된다면 그 검사는 타당성이 결여되어 있다고 할 것이다.

둘째, 타당도란 검사결과로부터 과학적으로나 실제적으로 얼마나 유의한 추론을 도출해낼 수 있느냐 하는 정도로 정의할 수 있다. 검사에서 측정한 결과를 의미 있게 해석할 수 있고, 의사결정을 하는 사람에게 유용한 정보를 제공하면 그 검사의 타당도는 높다고 본다. 다시 말해, 검사의 사용목적에 비추어 보아 검사점수가 어느 정도 잘 부합되느냐가 타당도라고 말할 수 있다.

앞의 두 가지 관점은 충실한 측정과 유용한 추론의 도출로 요약할 수 있다. 타당도는 좋은 평가도구가 갖추어야 할 가장 중요한 요건이라고 할 수 있다.

2) 타당도의 종류

(1) 내용타당도

내용타당도(content validity)는 평가도구가 평가하려고 하는 내용(교육목표)을 어느 정도 충실히 측정하고 있는지를 분석·측정하려는 것이다. 검사에서 측정하고자 하는 내용을 얼마나 충실히 측정하고 있는지 논리적으로 분석하여 주관적으로 판단하는 것이다. 즉, 해당 검사의 내용전문가에 의하여 검사가 본래 측정하고자 의도한 바를 제대로 측정할 수 있는가를 전문적 지식에 의하여 판단하도록 하여 알아보는 것이다. 예를 들어, 학업성취도검사를 제작할 때 내용타당도를 중시한다. 학업성취도검사의 목적은 학생들이 학교에서 배운 교육내용을 얼마나 잘 학습했는지를 평가하는 데 있다. 따라서 교과전문가들이 학업성취도검사의 각 문항이 교육목표와 교과내용을 잘 대표하고 있는지 내용분석을 통하여 검토하게 되는데, 이와 같은 방법이 내용타당도를 알아보는 한 가지 방법이다(이종승, 2012).

내용타당도는 객관적 자료에 근거하지 않고, 평가도구가 평가하려고 하는 교육목표나 교육내용을 얼마나 충실하게 측정하고 있는가를 판단하는 타당도이며, 그 높고 낮음은 검사와 관련된 내용을 잘 아는 전문가의 판단에 의해 결정된다.

(2) 준거타당도

준거타당도(criteria validity)는 어떤 준거와 관련지어서 측정도구의 타당성을 평가하는 방법이다. 따라서 준거타당도를 알아보려면 반드시 어떤 준거가 있어야 한다. 왜냐하면 준거가 있어야 그 준거에 비추어 타당하다 또는 타당하지 못하다고 하는 판단을 내릴 수 있기 때문이다(이종승, 2012).

평가도구의 타당도를 어떤 준거에 비추어 결정하는 방법은 그 준거의 성격에 따라 예언타당도(predictive validity)와 공인타당도(concurrent validity)로 나눈다.

예언타당도는 경험타당도라고도 하며, 한 검사가 미래에 있을 어떤 기준을 얼마나 잘 예언해주고 있는가를 따지는 과정으로, 특히 인사 선발이나 배치에 유용하다. 예를 들어, 대학수학능력시험의 타당도를 검증하기 위해 대학수학능력시험 점수와 대학 입학 후의 학업성적 간의 상관계수를 측정하는 것이다. 결국 예언타당도는 검사 점수가 미래의 행동 특성을 얼마나 잘 예측하느냐의 정도를 말하는 것이다(전상준 외, 2018).

공인타당도는 새로운 검사를 제작하였을 때, 기존 검사와의 결과 사이에 어느 정도 상관이 있는가를 살펴보는 것이다. 준거의 성질이 예측에 있는 것이 아니라 공인을 살펴보는 것이 특징이다. 예를 들어, 새로 개발한 지능검사의 타당도를 검증하기 위해 이미 타당성을 인정받고 있는 표준화된 지능검사와의 상관계수를 따져 보는 것이다(한민서, 2016).

일반적으로 공인타당도를 알아보는 과정은 다음과 같다(이종승, 2012).

① 피험자 집단에 공인타당도를 알아보고자 하는 검사를 실시한다.
② 동일 피험자들을 대상으로 타당성이 인정되는 준거변인을 측정한다.
③ 검사점수와 준거변인 측정치 간의 상관계수를 측정한다.

일반적으로 예언타당도보다는 공인타당도가 더 많이 쓰인다. 공인타당도는 예언타당도를 측정하는 것보다 더 단순하고, 비용이 더 적게 들며, 시간도 더 적게 걸린다. 미래를 예측하기보다는 현 상태를 진단하고자 하는 검사에서는 공인타당도를 알아보는 것이 더 적합하다.

(3) 구인타당도

구인(構因, construct)이란 경험적으로 증명할 수 있는 사건이나 과정을 지칭하는 개념으로 과학에서 널리 쓰이고 있다. 물리적으로 직접적인 관찰은 불가능하지만, 이론적으로 존재를 가정하는 심리학적 특질로서 개인의 행동에 영향을 미치는 잠재요인이다. 결국 구인은 구체적 개념이 아니라 지능, 동기, 태도 등과 같은 추상적 개념이며 가설적 개념이다.

구인타당도(construct validity)는 조작적으로 정의되지 않은 인간의 심리적 특성이나 성질을 과학적 개념으로 분석하고 의미를 부여하는 방법이다. 한 검사가 의도하는 특성의 구성요인을 얼마나 잘 측정하고 있는지를 따지는 과정이다. 예를 들어, 불안수준검사의 타당도를 검증하기 위해서 불안수준을 구성하는 3개 하위 요인(자신감, 도전성, 개방성) 간의 상관계수를 추정하는 것이다. 이처럼 구인타당도를 측정하는 방법에는 상관계수방법, 실험설계방법, 요인분석방법과 같은 통계적 방법이 많이 쓰인다.

구인타당도는 지나치게 주관적인 판단에 의존하는 내용타당도와 적절한 외적 준거가 무엇인지에 대한 합의를 이끌어 내기가 어려운 예언타당도의 문제점을 보완할 수 있다.

2 신뢰도

1) 신뢰도의 개념

신뢰도(reliability)란 그 검사가 측정하려는 대상을 얼마나 정확하게 안정적으로 일관성 있게 측정하고 있는가의 정도를 말하는 것으로 어떻게 재고 있느냐 하는 문제이다. 신뢰도는 측정의 오차가 얼마나 적으냐의 정도이며, 그 측정 결과가 믿을만한 것이라면 측정 대상의 변화가 없는 한, 몇 번이고 되풀이하여 측정하여도, 또 누가 측정하건 그 결과는 항상 같게 나와야 한다. 그러므로 신뢰도는 측정의 일관성과 안전성을 보장하는 것이다. 결국 신뢰도는 얼마나 정확하게, 얼마나 오차 없이 측정하고 있느냐 하는 일관성과 안전성을 의미하는 개념이다(전상준 외, 2018).

측정방법에 따라 신뢰도는 재검사 신뢰도, 동형검사 신뢰도, 반분검사 신뢰도, 문항 내적 일관성 신뢰도로 구분할 수 있다.

2) 신뢰도의 종류

(1) 재검사 신뢰도

재검사 신뢰도는(test-retest reliability)는 한 개의 검사도구를 동일한 집단에 일정한 시간 간격으로 두 번 실시하여 그 전후의 결과에서 얻은 점수로 상관관계를 산출하는 방법이다. 이것은 두 번의 실시결과에서 얻은 점수 사이에 어느 정도 안정성이 있느냐를 보는 관점으로 안정성 계수(coefficient of stability)라고도 한다.

재검사 신뢰도를 알아보는 과정은 다음과 같다(이종승, 2012).

① 피험자 집단의 신뢰도를 알아보고자 하는 검사를 실시한다.
② 일정 기간 경과 후 동일 피험자 집단에게 다시 해당 검사를 실시한다.
③ 1차 검사와 2차 검사들 간의 상관계수를 산출한다.

여기에서 첫 번째 검사와 두 번째 검사의 실시간격을 어떻게 잡느냐에 따라 오차가 있을 수 있으며, 기억 및 연습효과가 결과에 영향을 미친다. 검사 실시에서 여러 가지 조건인 내적 동기 상태, 수업태도, 속도검사의 검사시간 등을 똑같이 통제하기가 어렵다는 문제점이 있다.

(2) 동형검사 신뢰도

동형검사 신뢰도(equivalent-form reliability)는 미리 두 개의 동형검사를 제작하여 그것을 동일 대상에게 동시에 실시하여 상관계수를 산출하는 방법이다. 측정하려는 내용과 난이도는 같지만 형태가 서로 다른 두 개의 검사를 동일한 피험자에게 실시하여 신뢰도를 얻는 방법이다. 동형검사 신뢰도의 장점은 기억, 연습효과라는 최소한으로 감소시킬 수 있지만, 문항내용과 문항난이도가 같은 동형검사 도구를 제작하는 것이 쉽지 않다는 단점이 있다.

동형검사 신뢰도를 알아보는 과정은 다음과 같다(이종승, 2012).

① 피험자 집단에 동형검사 A를 실시한다.
② 동일 피험자 집단에 동형검사 B를 실시한다.
③ A와 B 검사점수들 간의 상관계수를 산출한다.
④ A와 B 검사를 실시할 때 시간 간격을 두지 않거나, 약간의 간격을 둘 수 있으나 너무 큰 시차를 두지 않도록 한다.

(3) 반분검사 신뢰도

반분검사 신뢰도(split-half reliability)는 하나의 검사 도구를 둘로 나누고, 나누어진 두 부분검사 점수 간의 상관계수를 구하고, 부분검사로부터 구해진 상관계수를 전체 검사의 값으로 확대한 수치이다. 재검사 신뢰도의 결과가 적당하지 못하거나, 동형검사 도구를 만들기 어려울 때 쉽게 사용할 수 있는 방법이다.

한 개의 검사를 양분하는 방법에는 한 개의 검사를 꼭 반이 되게 나누는 양분법과 기우반분법(홀수짝수법), 난수표법, 문항의 난이도 및 내용에 따라 비슷한 것끼리 짝지어 반분하는 내용곤란도법 등이 있다.

한 번의 검사실시로 신뢰도를 추정할 수 있는 장점을 지니고 있으나 검사를 양분하는 방법에 따라 신뢰도계수가 변하는 단점이 있다(한민석, 2016).

반분신뢰도계수의 교정 전 및 교정 후 추정하는 과정은 다음과 같다(이종승, 2012).

① 피험자 집단에 신뢰도를 알아보고자 하는 검사를 실시한다.
② 해당 검사를 전후 반분법에 의해 두 부분으로 나누어 점수화 한다. 이때 반분된 두 검사가 동형이 되도록 유의한다.
③ 반분된 두 검사점수들 간의 상관계수를 산출한다.
④ 교정된 반분신뢰도계수를 산출한다(Spearman-Brown 공식).

(4) 문항내적합치도

문항내적합치도(inter-item consistency)는 문항 하나 하나를 독립된 한 개의 검사단위로 보고, 각 문항들이 일관되게 동일한 능력을 측정하고 있는 정도를 표시하는 합치도, 동질성, 일치성을 중시하는 방법이다. 한 검사 내의 각 문항에 대하여 피검사자가 얼마나 일관성 있게 반응하느냐 하는 것은 검사도구의 문항이 어느 정도 동질적이냐에 의해 결정되기 때문에 문항내 적합치도를 검사의 동질성계수라고도 한다.

(5) 크론바흐 알파(Cronbach alpha)계수

한 검사 속의 문항들 사이의 신뢰도계수를 나타내는 것으로, 최근에 많은 관심을 받고 있는 신뢰도 추정 방식이다. 다른 신뢰도들은 추정 방식이 상관계수에 근거하고 있다.

3) 신뢰도에 영향을 미치는 요인

한민석(2016)은 신뢰도에 영향을 미치는 요인들을 다음과 같이 제시하고 있다.

① 짧은 시험보다 긴 시험
② 이질적 내용보다 동질적 내용의 검사
③ 비슷한 학생 집단보다 넓은 학력점수의 범위가 원인이 된 넓은 능력 범위를 가지고 있는 집단(이질 집단)
④ 잘 쓰여지고 또 적절한 항목으로 구성된 검사
⑤ 서로 다른 측정보다는 적은 채점 오차를 가진 측정
⑥ 검사에 대한 적절한 상태에서 또 최적의 동기에서 얻어진 검사점수

4) 신뢰도를 향상시키는 방법

한민석(2016)은 신뢰도를 향상시키는 방법을 다음과 같이 제시하고 있다.

① 시험 문항수가 많으면 많을수록 신뢰도는 높다. 적은 수의 문항으로 인간이 지니고 있는 속성을 측정할 때보다 많은 수의 문항으로 검사를 실시할 때 측정 오차를 줄일 수 있다.
② 문항변별도가 높아야 한다. 문항은 잘하는 학생과 못하는 학생을 구분할 수 있는 변별력이 높아야 한다. 즉, 문항이 피검사자를 능력에 따라 구분할 수 있는 변별력이 있어야 한다.
③ 문항의 난이도가 적절해야 한다. 즉, 검사가 너무 어렵거나 쉬우면 검사불안과 부주의가 발생하여 일관성 있는 응답을 하지 못하므로 신뢰도가 저하된다.
④ 시험시간이 충분히 주어져야 한다. 신뢰도는 속도검사가 아니라 역량검사이다.
⑤ 검사도구의 측정내용이 보다 구체적이고 좁은 범위의 내용이어야 한다. 예를 들어, 한국사 시험을 치를 때 범위가 근대사로 제한하는 경우가 한국사 전체의 내용을 측정하는 것보다 신뢰도가 높을 것이다.
⑥ 평가하려는 내용을 범위 내에서 고르게 표집해서 문항을 작성해야 한다.
⑦ 시험실시 상황이 적합해야 한다.
⑧ 객관적인 채점방법을 사용한다.
⑨ 동질집단의 신뢰도는 이질집단보다 낮다.

5) 타당도와 신뢰도의 관계

신뢰도는 타당도를 높이는 필요조건으로, 타당도는 없으나 신뢰도는 높을 수 있다. 그러나 신뢰도 없이 타당도가 높은 측정도구는 존재할 수 없다. 타당도가 낮은 도구일지라도 신뢰도가 높을 수 있으나, 신뢰도가 낮으면 타당도도 낮아진다. 그러므로 신뢰도는 타당도의 필요조건이지만 충분조건은 아니다. 예를 들면, 교육목표가 성격검사인데 평가도구가 몸무게를 정확히 측정하게 만들었다면, 이 평가도구는 재려고 했던 것을 잘못 측정했기 때문에 타당도는 낮지만, 몸무게를 정확히 측정했다면 오차가 없으므로 신뢰도는 높다고 할 수 있다. 그러나 측정도구 자체에 오차가 많다면(신뢰도가 낮다면), 과연 의도한 바를 올바르게 측정할 수 있었는가 하는 점이다.

요약하면 첫째, 타당도가 낮은 도구일지라도 신뢰도가 높을 수 있으나, 신뢰도가 낮으면 타당도도 낮아진다. 둘째, 타당도는 없으나 신뢰도는 매우 높은 측정도구가 있을 수 있지만 신뢰도가 없으면 타당도가 높은 측정도구는 존재할 수 없다. 또 신뢰도가 높다고 해서 반드시 타당도가 높아지는 것은 아니다. 셋째, 신뢰도가 높다고 해서 타당도가 높은 것은 아니지만, 타당도가 높으면 신뢰도는 높다.

3 객관도

1) 객관도의 개념

객관도(objectivity)란 검사자의 신뢰도라 할 수 있는데 검사의 채점자가 얼마나 객관적인 입장에서 어느 정도 일관되고 공정하게 채점하느냐 하는 문제와 관련된 것이다. 즉, 평가자 혹은 채점자의 채점에 대한 일관성 정도이며, '검사자 간의 신뢰도', '평가자 간의 신뢰도'를 말한다. 예를 들어, 동일한 피험자의 답안지를 가지고 A라는 교사는 90점, B라는 교사는 70점, C라는 교사는 50점을 부여했을 경우, 객관도는 신뢰롭지 못하다. 이와 같은 경우는 보통 두 가지 이유를 들 수 있는데, 하나는 채점자 자신의 소양 문제이고, 다른 하나는 측정도구 자체의 불완전성의 결과로 볼 수 있다. 객관도를 확보하기 위해서는 여러 사람으로부터 인정받을 수 있도록 문항을 제작해야 좋은 문항이다.

2) 객관도를 향상시키는 방법

한민석(2016)은 객관도를 향상시키는 방법을 다음과 같이 제시하고 있다.

① 도구를 객관화한다. 측정도구, 평가도구 자체를 객관화시켜야 한다.
② 평가자의 소양이다. 평가자 자신의 소양을 향상시키는 일이 필요하다.
③ 기준이 구체화되어야 한다. 명확한 평가기준이 있어야 한다.
④ 다인수 평가여야 한다. 가능하면 비객관적 평가도구는 여러 사람이 공동으로 평가해서 그 결과를 종합하는 것이 객관성을 높일 수 있다.
⑤ 오류를 제거해야 한다. 평가자의 인상, 편견, 추측, 착오 등을 최소화해야 한다.
⑥ 주관식 문항을 채점할 때에는 학생별 채점보다는 문항별로 채점해야 하고, 가능한 한 많은 채점자들이 독립적으로 채점하여 그 결과를 종합하는 것이 합리적이다.

4 실용도

1) 실용도의 개념

실용도(usability)란 평가방법이나 도구의 제작과정뿐만 아니라 시행방법이나 절차 그리고 평가결과를 채점하거나 분석하기 위해 소요되는 인적 · 물적 자원의 양과 질이 주어진 여건에 비추어 실용적인가를 나타내는 정도이다.

평가방법이나 도구의 실용도와 관련하여 고려해야 할 사항은 실시방법이 쉬워야 하며, 실시하는 데 소요되는 시간이 적절해야 하고, 채점하기가 쉽고, 결과를 해석하거나 활용하기가 쉬워야 한다. 또 평가실시 비용이 적절해야 한다.

2) 실용도를 향상시키는 방법

한민석(2016)은 실용도를 향상시키는 방법을 다음과 같이 제시하고 있다.

① 실시와 채점이 용이하도록 한다.
② 결과의 해석과 활용이 용이하도록 한다.
③ 낮은 검사비용, 시간, 노력으로 해결해야 한다.

연습문제

01 평가도구가 측정하고자 하는 구체적인 목표나 내용을 제대로 측정하고 있는가의 정도를 무엇이라고 하는지 쓰시오.

02 측정하려는 것을 얼마나 안정적으로 일관성 있게 측정하느냐 하는 측정의 일관성과 안정성을 무엇이라고 하는지 쓰시오.

03 조작적으로 정의되지 않은 인간의 심리적 특성이나 성질을 과학적 개념으로 분석하고 의미를 부여하는 방법이다. 한 검사가 의도하는 특성의 구성요인을 얼마나 잘 측정하고 있는지를 따지는 타당도의 종류는 무엇인지 쓰시오.

04 측정하려는 내용과 난이도는 같지만 형태가 서로 다른 두 개의 검사를 동일한 피험자에게 실시하여 신뢰도를 얻는 방법으로, 이 신뢰도의 장점은 기억, 연습효과를 최소한으로 감소시킬 수 있지만 문항내용과 문항난이도가 같은 동형검사 도구를 제작하는 것이 쉽지 않다는 단점을 가진 신뢰도의 종류는 무엇인지 쓰시오.

05 다음 글의 밑줄 친 이것이 설명하고 있는 것은?

> 동일한 피험자의 답안지를 가지고 A라는 교사는 90점, B라는 교사는 70점, C라는 교사는 50점을 부여했을 경우, <u>이것은</u> 신뢰롭지 못하다. 이와 같은 경우는 보통 두 가지 이유를 들 수 있는데, 하나는 채점자 자신의 소양 문제이고, 다른 하나는 측정도구 자체의 불완전성의 결과로 볼 수 있다.

① 내용타당도 ② 동형검사 신뢰도 ③ 반분검사 신뢰도
④ 객관도 ⑤ 실용도

06 교육평가의 문항유형은 크게 선택형과 서답형으로 나뉜다. 선택형 중에서 선다형을 우리는 흔히 객관식이라고 한다. 과거에는 4지 선다형이였는데, 요즈음은 5지 선다형으로 바뀌었다. 그 이유를 간단히 쓰시오.

07 신뢰도에 영향을 미치는 요인을 세 가지 이상 쓰시오.

정답

01 타당도

02 신뢰도

03 구인타당도

04 동형검사 신뢰도

05 ④

06 추측 요인을 줄이기 위해서이다: 4지 선다형-25%, 5지 선다형: 20%

07 ① 짧은 시험보다 긴 시험

② 이질적 내용보다 동질적 내용의 검사

③ 비슷한 학생집단보다 넓은 학력점수의 범위가 원인이 된 넓은 능력범위를 가지고 있는 집단(이질 집단)

④ 잘 쓰여지고 또 적절한 항목으로 구성된 검사

⑤ 서로 다른 측정보다는 적은 채점 오차를 가진 측정

⑥ 검사에 대한 적절한 상태에서 또 최적의 동기에서 얻어진 검사 점수

교육평가의 평가문항 유형에서 필답검사의 문항형식의 분류는 분류자의 관점에 따라 다양하게 나타나고 있다. 채점자의 채점방법에 따라 주관형(subjective type)과 객관형(objective type)으로 나눌 수도 있으나, 피검자의 반응 형태에 따라 선택형과 서답형으로 분류하였다. 선택형에는 진위형, 배합형 그리고 선다형이 있으며, 서답형에는 단답형, 완성형, 논문형이 있다.

CHAPTER 07

평가문항의 유형

1 선택형(selection type)

선택형 문항은 지시문 및 본두와 함께 여러 개의 선택지를 제시해 놓고, 그중에서 적합한 답지를 선택하도록 하는 문항형식이다. 이 형식은 응답과정에서 정답지를 확인하여 선택하도록 하는 재인과정을 거치기 때문에 재인형 문항이라고도 한다.

1) 진위형(true-false type)

제시된 진술문에 피험자가 맞는지 틀리는지, 즉 옳은지 그른지를 응답하는 문항 형태, 즉 진술문을 주고 그것의 진위 정오를 판단케 하는 방법이다. 응답자에게 진술문을 제시한 다음 그것의 진위, 즉 옳고 그름을 판단하는 형태 또는 긍정-부정에 대한 이분적인 판단을 요구하는 문항형식이기 때문에 객관식이고 고정반응형, 양자택일형(alternative-response type) 문항이라고 한다.

(1) 진위형 문항의 종류

진위형 문항의 종류에는 오류지적형, 군집형, 자료제시형, 삼자택일형, 확률적 반응형, 자신감표시형, 오류수정형 등 7가지가 있다.

오류지적형은 응답자로 하여금 주어진 진술문의 진위를 판정한 다음 그것이 틀리다고 생각할 경우 잘못된 부분에 표시하도록 하는 형식이다.

군집형은 서로 관련성 있는 여러 개의 진술문을 제시한 다음 동일한 기준 또는 지시에 따라 각각의 진위를 판단하도록 하는 형식이며, 자료제시형은 문단, 도표, 그림 등과 같은 자료를 제시해 준 다음 그것을 근거로 하여 주어진 진술문의 진위에 대한 판단을 요구하는 형식으로 군집형과 비슷하다.

삼자택일형은 주어진 진술문에 대해 진위를 판단하도록 함은 물론 진위 또는 정오를 판단할 수 없다는 답지를 하나 더 추가시킨 형식으로 진위형 문항을 선다형으로 변형시킨 형식으로 볼 수 있다.

확률적 반응형은 주어진 진술문의 진위에 대한 확률적인 판단을 요구하는 형식으로 진위형을 선다형으로 변형시킨 형식이며, 자신감표시형은 주어진 진술문의 진위를 판단하게 한 다음 자신이 선택한 답의 정확성에 대한 자신감의 정도를 표시하도록 하는 형식이다. 진위형 문항의 기본형식과 확률적 반응형 문항형식을 결합시킨 형식이라고 할 수 있다.

오류수정형은 주어진 진술문의 진위를 판정한 다음 틀린 부분을 지적하고 맞게 고치도록 하는 형식이다.

(2) 진위형 문항제작 요령

- 진위형 문항은 질문에 중요한 내용을 포함하고 있어야 한다.
- 복합적 학습내용을 측정하기 위하여 기초적 자료에 근거한 문항을 작성한다.
- 일반화되지 않은 주장이나 이론의 옳고 그름을 묻지 않는다.
- 하나의 질문에 하나의 내용만 포함하도록 한다.
- 부정문의 사용을 삼간다. 이중부정은 더욱 삼간다.
- 교과서에 있는 똑같은 문장으로 질문하지 않는다.
- 가능한 간단 명료하게 단문으로 질문한다.
- 답의 단서가 되는 부사어를 사용하지 않는다.
- 정답의 유형이 고정되지 않고 무선적으로 되게 한다.
- 가능하면 질적 표현보다 양적 표현을 사용한다.
- 애매모호한 문장은 피한다.
- 익숙하지 못한 비유적인 용어나 문학적인 용어는 피한다.

- 정답을 가리키는 것은 가능하면 단순한 것을 사용한다.
- 정답은 짧은 밑줄을 치든지 혹은 괄호를 사용하여 표시한다.

(3) 진위형 문항의 장 · 단점

진위형 문항의 장 · 단점은 다음과 같다.

진위형 문항은 문항제작이 용이하며, 다른 검사형식에 비해 주어진 시간 내에 학생들의 반응을 많이 얻을 수 있으므로 많은 양의 문항을 출제할 수 있으며, 채점이 빠르고 신뢰할 수 있고, 객관적으로 할 수 있다. 특히 문항이 단순하고 직접적이며 읽기능력이나 언어능력이 부족한 피험자들(초등학교 저학년)이 평가대상인 경우에 적절하다는 장점이 있다.

한편 추측에 의한 진술이 많기 때문에 신뢰도가 낮고, 고등정신능력보다는 교수목표나 단순한 기억력을 요구하는 지식을 측정할 가능성이 높으며, 검사의 문항을 통하여 잘못된 지식을 학습할 우려가 있다(眞이 아니면 僞일 것이라는 가정에 의해서).

또한 문장의 진술이 막연하고 애매한 경우가 많다(문항의 배경이 되는 정보나 조건이 전혀 제시되지 않고 있기 때문). 진위형 문항은 학습자로 하여금 학습동기를 감소시키고 극히 피상적인 학습을 하도록 할 가능성이 크다.

비교적 작고 별로 중요하지 않은 정보를 많이 다루며, 학생들의 추측 반응을 부추길 수 있으며, 읽지 않고도 답을 맞힐 확률이 50%이기 때문에 추측이나 우연의 오차를 통제할 수 없다는 단점이 있다.

(4) 진위형 문항의 사례

예 다음 진술문을 읽고, 맞으면 ○표, 틀리면 ×표 하시오.

1. 압력이 일정할 때 기체의 부피는 온도에 정비례한다. (   )
2. 온도가 일정할 때 기체의 부피는 압력에 반비례한다. (   )

2) 배합형(matching form)

일련의 용어, 명칭, 구, 개념, 정의 또는 불완전 문장으로 구성된 전제, 내용과 항목으로 이루어진 답지에서 서로 관계되는 것을 찾아 연결하도록 하는 문항 형식이다. 흔히 결합형 또는 연결형이라 한다.

(1) 배합형 문항의 종류

배합형 문항의 종류에는 복합배합형, 결합완성형, 관계분석형, 분류배합형, 양단분류형, 공변관계형, 수량비교형, 충분조건형, 재사용답지형 등 9가지가 있다.

복합배합형은 응답자로 하여금 하나의 자극군에 대해서 2개 이상의 반응군에서 각각 바른 답을 골라 연결하도록 하는 형식으로, 반응군의 선택지 수를 자극군의 자극수보다 1~3개 정도 많게 하는 것이 좋다.

결합완성형은 선택형에서 설명한 합답형과 거의 같지만 정답이 될 수 있는 선택자의 결합방식을 미리 제시하여 놓고 그것에 맞추어 정답을 찾아내는 형식이며, 관계분석형은 두 개의 문장으로 구성된 두 진술문 간의 관계를 선택지에 기술된 조건 또는 전제에 따라 분류시키는 형식이다.

분류배합형은 주어진 조건, 유목 또는 기준을 근거로 하여 일련의 개념, 사실, 조건 또는 전제에 따라 분류시키는 형식이며, 양단분류형은 문두와 두개의 선택지 간의 상호관계를 분석한 다음, 지시문에 제시되어 있는 기준이나 조건에 따라 두 개의 선택지 중에서 답을 택하도록 하는 형식이다.

공변관계형은 어떤 현상이나 변인 간의 인과관계 또는 양적관계에 대한 가장 바른 설명을 지시문에 제시된 기준에 따라 찾도록 하는 형식이며, 수량비교형은 어떤 변인 또는 사상 간의 대소관계 혹은 수량관계를 지시문에 제시되어 있는 조건에 따라 찾도록 하는 형식이다.

충분조건형은 어떤 문제를 해결하는 데 필요한 조건을 지시문에 제시되어 있는 조건에 따라 찾도록 하는 형식이며, 재사용답지형은 반응군에 포함된 답지를 한 번 이상 자극군에 연결하도록 하는 형식이다. 주어진 검사문항에 대하여 수험자가 어떠한 단서도 받지 아니하고 자기의 머릿속에서 정답을 재생해서 답지에 기입하는 형태의 것으로 주관식 또는 주관형이라고 한다.

(2) 배합형 문항제작 요령

- 문제군과 답지군에 각각 동질성이 있는 것으로 묶어야 한다.
- 답지나 전제의 수와 길이를 적절히 제한한다.
- 답지군의 답지수는 문제군의 문제수보다 많아야 한다.
- 문제군의 문제들은 왼쪽에, 답지군의 답지들은 오른쪽에 체계적인 순서에 따라 배열하고 번호를 각기 날리 한다.
- 문제군의 문제들과 답지군의 답지들을 배열할 때 항목은 가급적 분명하고 편리하도록 각각 문자순이나 연대순으로 한다.
- 어떤 기초 위에서 배합할 것인지 분명히 지시한다.
- 전제와 답지의 각 항목은 중첩되는 개념이 아니어야 한다.
- 배합의 한짝을 가르치는 부당한 실마리에 대해 주의 깊게 각 문제를 점검한다.

- 너무 쉬운 검사를 작성하는 것은 피한다.
- 한 리스트는 단 한 마디의 말수 혹은 짧은 구 등으로 구성한다.
- 전제나 답지는 적어도 5항목 이상, 15항목보다 많지 않도록 한다.
- 전제와 답지를 위한 모든 항목은 한 페이지 안에 넣도록 한다.

(3) 배합형 문항의 장 · 단점

배합형 문항은 문항제작이 비교적 간편하고, 다룰 수 있는 내용이 포괄적이어서 고등정신능력(비교, 판단, 분석 등)을 측정할 수 있으며, 검사의 객관도 및 신뢰도가 높다. 배합하는 형식을 여러 가지로 다양하게 변형시킬 수 있기 때문에 다양한 검사 목적에 따라 적절히 변형시킬 수 있는 적응도가 높다는 장점도 있다.

한편 좋은 문항을 만드는 데 많은 노력과 시간이 소요되며, 주의를 하지 않으면 사실의 기억만을 평가할 가능성이 많고, 배합이 진행됨에 따라 추측요인이 작용할 가능성이 높다.

동질적인 전제와 동질적인 답지를 만들기가 쉽지 않다. 즉, 노력하여 정교하게 만들지 않으면 단편적인 지식의 기억을 측정하는 것에 치우치기 쉽다. 또한 배합이 진행되어 가면서 배합의 항목이 줄어들면 정답의 단서를 주게 될 가능성이 높다는 단점이 있다.

(4) 배합형 문항의 사례

예 다음은 〈토끼전〉의 등장인물이다. 각 등장인물의 성격을 바르게 연결하시오. (단순배합형)

1. 토끼	㉠ 명예욕이 강하고, 꾀가 많으며 말주변이 좋음. 서민을 상징
2. 용왕	㉡ 충성심이 강하나, 목적 달성에 급급하여 속임수에 빠짐
3. 자가사리	㉢ 지혜가 없고 데다 탐욕이 지나침, 부당한 권력을 상징
4. 자라	㉣ 지혜롭고 왕에게 간언을 잘함

3) 선다형(multiple choice form)

가장 많이 쓰이는 형태로 두 개 이상의 답지를 주고 그중 맞는 답지 혹은 가장 알맞은 답지를 선택하는 문항, 정답형 문항(correct-answer type, 하나의 옳은 답을 선택)과 최선답형 문항(best-answer type, 답지 중에 가장 맞는 답을 선택)으로 분류한다.

(1) 신다형 문항의 종류

선다형 문항의 종류에는 정답형, 최선답형, 다답형, 불완전문장형, 합답형, 부정형, 대입형, 유추형, 군집형, 공통문두형, 비언어적 문두형, 비언어적 답지형, 불완전답지형 등 13가지가 있다.

정답형은 응답자로 하여금 한 개의 정답지와 여러 개의 오답지로 구성된 선택지를 제시한 다음 그중에서 정답지를 고르도록 요구하는 문항 형식이다. 최선답형은 부분적으로 정답이 될 수 있는 여러 개의 선택지들을 제시해 놓고 그중에서 가장 적합한 답지를 선택하도록 하는 형식이다.

다답형은 여러 개의 선택지 중에 두 개 이상의 정답지를 포함시켜 놓고 그것을 모두 찾아내도록 하는 문항 형식으로 선택할 수 있는 답지의 수를 제한할 수도 있고 제한하지 않을 수도 있다. 불완전문장형은 불완전문으로 진술된 문두를 완성시키는데 필요한 내용을 선택지 중에서 찾도록 하는 형식이다.

합답형은 하나의 물음에 여러 개의 사실, 조건, 상황을 제시해 놓고 다시 그것들을 2~3개씩 묶어서 선택지로 제시한 다음 그중에서 답을 고르게 하는 형식으로 일정한 원칙에 따라 주어진 자료를 재배열 또는 재구성하도록 요구할 필요가 있을 때 유용하다. 문항의 제작과 채점이 어렵고 문제의 형식이 여러 개의 진위형 문항을 결합시킨 형식이므로 채점할 때 부분점수를 주는 것이 바람직하다.

부정형은 선택지 중에서 문두에 적합하지 않은 답지를 찾도록 하는 형식으로, 어떤 예시에 대한 정답이 여러 개 있을 경우 적합한 형식으로 물음에 대한 정답이 여러 개 있을 경우에 적합한 형식이다.

대입형은 문두에 틀린 내용을 제시해 놓고 그 부분을 바르게 고칠 수 있는 사항을 주어진 선택지에서 고르도록 하는 형식으로 진위형의 오류수정형을 선다형으로 전환시킨 형식이다.

유추형은 하나의 절, 구 또는 문항에 나타난 관계를 보고 다른 절 또는 구의 관계를 유추해서 불완전 문장 또는 A : B = C : __의 밑줄 친 부분에 들어가야 할 가장 적당한 낱말이나 구를 주어진 답지 중에서 찾게 하는 형식이다.

군집형은 진위형의 군집형처럼 비교적 긴 하나의 지문을 제시해 놓고 그 아래에 여러 개의 선다형 문항을 출제하는 형식으로 지문제시형 문항이라고도 한다.

공통문두형은 공통적인 조건이나 자료를 제시해 놓고 그것을 근거로 하여 여러 개의 선다형 문항에 답하게 하는 형식으로, 군집형과 비슷하지만 지문을 제시하지 않는다는 점에서 구별되는 형이다. 비언어적 문두형은 그림이나 도표 또는 실물을 사용해서 문두를 제시한 다음 답지 중에서 정답을 고르도록 하는 형식이다.

비언어적 답지형은 문자나 숫자를 선택지로 사용하는 대신에 그림, 도표, 악보, 실물 등을 사용하는 형식이며, 불완전답지형은 선택지를 완전한 형태로 제시하면 그것이 정답을 찾는 단서로 작용할 가능성이 농후한 경우 선택지의 일부 내용만을 제시하는 형식이다.

(2) 선다형 문항제작 요령

- 문항은 중요한 학습내용을 포함해야 한다.
- 문항마다 질문의 내용이 하나의 사실을 묻도록 단순 명쾌하게 구조화되어야 한다.
- 용어의 정의나 개념을 묻는 질문에서 용어를 질문하고 답지에 용어의 정의나 개념을 나열한다.
- 문항이나 답지를 간단하고 명확한 단어로 서술해야 한다.
- 문항의 질문형태는 가능하면 긍정문이어야 한다.
- 문항의 질문 내용 중 답을 암시하는 내용이 포함되어 있지 않아야 한다.
- 정답이 분명히 드러나지 않도록 그럴 듯하고 매력적인 틀린 답지를 만들어야 한다.
- 답지들 중 정답이 두 개 이상일 경우 최선의 답을 선택하도록 환기시켜야 한다.
- 피험자에게 옳은 답지를 선택하거나 틀린 답을 제거시킬 수 있는 단서를 제공하지 말아야 한다.
- 가능하면 답지를 짧게 하는 것이 바람직하다.

- 문항의 답지들의 내용이 상호 독립적이어야 한다.
- 각 답지에 똑같은 단어들이 반복되지 않게 한다.
- 답지 사이에 중복을 피해야 한다.
- 답지의 길이를 가급적 비슷하게 하고, 다소 상이할 때는 짧은 길이의 답지부터 배열한다.
- 답지에 어떤 논리적 순서가 있다면 논리적 순서에 따라 배열한다.
- 답은 괄호 속이나 별도의 답안지를 만들어 사용한다.
- '모든 것이 정답' 혹은 '정답 없음'이란 답지를 가능한 한 사용하지 않는다.
- 질문에 그림이나 도표 등을 포함할 경우 그림, 도표 질문 그리고 답지가 모두 동일 페이지에 위치하도록 한다.
- 정답의 번호가 일정 형태를 유지하지 않는 무선적 순서에 의하도록 한다.
- 정답의 위치는 다양성이 있어야 한다.
- 오답은 지나치게 전문적 용어를 사용하지 말아야 한다.
- 추측에 의해 정답을 선택할 가능성이 높아지지 않도록 답지의 수를 늘린다.
- 학생들이 자주 범할 수 있는 오류의 유형을 확인할 수 있도록 답지를 구성한다.

(3) 선다형 문항의 장 · 단점

선다형 문항은 학습내용의 많은 영역을 측정할 수 있어 다양하고 포괄적이라는 것과 주어진 시간 내에 많은 문항의 검사를 실시할 수 있고, 포괄적이므로 검사내용의 타당도를 증진시킬 수 있다.

문항의 답지를 조금만 수정해도 쉽게 원하는 문항의 난이도를 얻을 수 있다. 즉, 문항을 어렵게 하거나 쉽게 하는 방법이 간편하고 능률적이다.

채점이 용이하고 객관적이고 기계적으로 할 수 있어서 채전의 신뢰도를 높일 수 있다는 점, 답지의 반응에 나타나는 학생의 반응형태에 의해 중요한 진난적 자료를 얻을 수 있고, 초등학교 저학년을 제외한 모든 학년에 사용할 수 있는 문항 형식이라는 장점이 있다(성태제 외, 2012).

한편 다른 선택형에 비해 좋은 문장을 만들기가 어렵다. 좋은 문항을 만들기 위해서는 문항 제작의 지식 및 기술과 더불어 상당한 훈련과 경험이 필요하고, 문항 작성에서 가장 어려운 것은 좋은 오답지를 만드는 일이다. 따라서 선다형 문항의 장점을 살린 문항보다는 진위형으로 물어도 좋을 단순한 지식 · 기억 · 정보의 확인을 위한 지식 위주의 문항을 만드는 결함이 발생한다.

학생이 선택형 문항에 반응할 때 긴장과 불안이 야기되어 불필요한 시간과 노력이 든다. 선다형은 능력이 높은 학생에게는 불리하고, 능력이 낮은 학생에게는 유리하다는 단점이 있다(Bazun, Getzels, Hoffman; 전태련, 2018 재인용).

(4) 선다형 문항의 사례

예 1 다음 중 바이러스에 관한 사실이 아닌 것은?

1. 식물이나 동물세포에서 산다.
2. 자신이 번식할 수 있다.
3. 대단히 큰 세포로 되어 있다.
4. 병의 원인이 된다.

예 2 이 글에 대한 설명으로 바르게 묶은 것은?(합답형)

㉠ 선화공주가 서동을 얻기 위해 지은 노래이다.
㉡ 서사적인 노래이다.
㉢ 민요가 동요로 정착된 4구체 향가이다.
㉣ 향찰로 표기되었다.

1. ㉠, ㉡ 2. ㉡, ㉣ 3. ㉠, ㉢ 4. ㉢, ㉣

4) 선택형의 장·단점 및 주의점

선택형은 채점의 객관성과 신뢰도가 유지되며, 문항의 내용타당성이 높다. 또한 평가하려는 능력의 표본을 포괄적으로 다룰 수 있으며, 채점 및 문항제작이 비교적 쉽고, 검사결과의 처리 해석이 용이하고 통계적 분석이 비교적 쉽다는 장점이 있다.

반면에 단순한 지식의 암기력만 측정할 위험성이 있으며, 추측의 요인을 제거할 수 없다는 점과 좋은 문항제작에는 시간, 노력 및 훈련을 많이 필요로 한다는 것, 표현과 창의성 측정에 부적합하다는 단점이 있다.

주의점으로는 단어와 문장은 가급적 명백히 표현해야 하며, 복잡한 어구 배열을 피하고, 답지 선택의 모든 조건을 제시한다.

학생 집단의 수준에 따라 문항의 곤란도를 조절해야 하며, 언어적으로만이 아닌 그림이나 도표를 제시해주는게 좋으며, 한 문항의 답지는 서로 유사한 형식을 갖도록 한다.

2 서답형(supply type)

문두만 제시하여 응답자로 하여금 답을 생각해서 쓰도록 하는 형식의 문항이다. 이 형식은 응답자로 하여금 답을 스스로 생성하는 재생과정을 요구한다는 점에서 흔히 회상형 문항이라고 한다. 서답형에는 단답형, 완성형, 논술형 등이 있다.

1) 단답형(short-answer form)

문제를 의문문이나 명령문으로 제시한 다음 한 두 개의 간단한 단어, 숫자, 기호, 짧은 구, 문장으로 답하도록 하는 문항형식이다. 원칙적으로 채점자의 주관이 개입될 수 없는 문항이나 길이가 긴 서술형 단답형은 주관식 문항이고, 단답형의 변형이지만 성질상 논문형 문항의 변형이라 할 수 있다.

(1) 단답형 문항의 종류

단답형 문항의 종류에는 연합형, 확인형, 대입형 등 3가지가 있다.

연합형은 응답자로 하여금 하나의 지문에 몇 개의 단답형 문항을 포함시킨 형식이며, 확인형은 실물 또는 견본을 보여준 다음 그 명칭 또는 기능을 적으라고 요구하는 형식이다. 대입형은 주어진 문장 또는 공식속의 특정 부분을 적절한 내용으로 바꾸라고 요구하는 형식으로 선다형의 대입형 문항과 비슷하다.

(2) 단답형 문항제작 요령

- 단답형은 일반적으로 정의나 간단한 개념, 법칙, 사실 등을 질문하므로 간단한 응답이 되도록 질문해야 한다.
- 교과서에 있는 구, 절의 형태와 같은 문장으로 질문하지 않는다.
- 채점하기 전에 정답이 될 수 있는 답들을 준비한다.
- 계산 문제의 경우 정답이 되기 위하여 정확성 정도나 계산절차의 수준을 명시한다.
- 정답이 수로 표기될 때 단위를 표기해야 한다.

(3) 단답형 문항의 장 · 단점

단답형 문항은 문항제작이 비교적 용이하고 추측요인의 영향을 배제할 수 있고, 도식 · 지도 및 모형에 표시된 명칭과 관련된 여러 가지 지식을 측정하는 데 매우 적합하다.

또한 학생의 반응 자유도가 크고, 계산이나 수리적 조작이 요구되는 수학이나 과학 과목의 성취도 측정에 특히 적합하다. 선택형보다는 채점의 객관성이 약하나 논술형과 비교할 때 채점의 객관성이 높고, 특히 문장력이 점수로 연결되는 측면을 배제할 수 있다는 장점을 들 수 있다(박철홍 외, 2013).

한편 단편적이고 사실적인 지식 수준 이상의 지적능력을 측정하는데 부적합하고, 수학 및 과학 과목의 문제해결능력을 평가하는 경우를 제외하고는 단순한 사실적인 지식 수준 이상의 고등정신능력의 측정에는 부적합하다. 채점이 어렵고, 채점의 주관성을 완전히 배제하기 어려우며, 정답이 하나가 되도록 질문하기가 쉽지 않다. 또한 맞춤법이나 문법 상 오류가 있을 때 이를 어떻게 처리하는가 등의 채점상의 문제점에서 단점이 있다.

(4) 단답형 문항의 사례

예 밑줄 친 부분에 해당하는 적절한 한자성어를 쓰시오.(단구적 단답형)

잔치를 마친 후, 용왕이 곁에 선 신하에게 명하여 토끼를 모셔다가 편히 쉬도록 하였다. 토끼가 따라 들어가 보니 영롱한 빛을 발하는 병풍과 진주로 엮은 주렴이 사방에 드리워져 있었고, 저녁 식사를 받고 보니 인간 세상에서는 듣지도 보지도 못하던 진수성찬이었다.

그러나 <u>토끼는 마치 바늘방석에 앉은 듯 불안하기만 했다</u>. "내 비록 잠시 속임수로 용왕을 속였지만, 여기에 오래 머무를 수는 없겠지"하는 생각에 밤새 잠을 이루지 못하고, 이튿날 용왕을 뵙고 아뢰었다.

2) 완성형(completion form)

문자의 일부분을 비워 놓고 빈 자리에 단어, 구, 숫자, 기호 등을 써넣어 불완전문을 완성하도록 하는 형식이다. 즉, 질문을 위한 문장의 끝에 응답을 하게 하는 문항형태, 괄호형 문항의 특수한 예이다.

(1) 완성형 문항의 종류

완성형 문항의 종류에는 답란제시형, 단서제시형, 단어완성형, 기호완성형, 그림완성형, 계산완성형, 유추형, 불완전도표형, 제한완성형 등 9가지가 있다.

답란제시형은 응답자가 몇 개의 글자로 답해야 하는지를 알 수 있도록 정답을 쓰는데 필요한 수만큼 네모 또는 동그라미 칸을 비워 두는 형식이며, 단서제시형은 답란제시형과 동일하나 정답을 시사하는 힌트를 제공하기 위해 답란의 네모 중의 일부를 채워놓는 형식이다.

단어완성형은 단어 중의 일부분을 비워 놓고 하나의 온전한 낱말이 완성되도록 빈자리에 적당한 철자를 적어 넣게 하는 형식이며, 기호완성형은 미완성의 공식이나 도표 등에 필요한 기호를 써넣도록 하는 형식이다.

그림완성형은 생물, 기계, 미술 등과 같은 과목에서 미완성 그림이나 지도 등을 제시해 놓고 미완성 부분을 완성시키도록 요구하는 형식이며, 계산완성형은 수학이나 물리 등과 같은 과목에서 수식을 제시해 놓고 수식의 빈자리에 적게 하는 형식이다.

유추형은 응답자에게 두 개의 문장, 구 또는 절을 제시한 다음 그 관계를 보고 나머지 문장의 빈칸에 적절한 단어를 유추해서 문장을 완성하도록 하는 형식이다.

불완전도표형은 부분적으로 삭제되었거나 불완전한 도표를 제시하여 빈

자리에 적당한 낱말 또는 숫자를 적어 넣어 도표를 완성하도록 하는 형식이며, 제한완성형은 어떤 문장이나 글 속의 일부를 제외 또는 삭제시킨 다음 빈 곳에 들어갈 수 있는 단어나 기호 또는 숫자를 여러 개 제시해 놓고 그중에서 답을 고르도록 하는 형식이다.

(2) 완성형 문항제작 요령

- 중요한 내용을 여백으로 한다.
- 정답이 가능한 단어나 기호로 응답되도록 질문한다.
- 교과서에 있는 문장을 그대로 사용하지 않는다.
- 질문의 여백 뒤에 조사가 정답을 암시하지 않게 해야 한다.
- 여백에 들어갈 모든 정답을 열거한다.
- 채점의 정확성과 체계성을 위하여 여백 하나하나를 채점 단위로 한다.

(3) 완성형 문항의 장 · 단점

완성형 문항은 간단한 지식, 사실, 공식, 계산결과, 절차, 명칭, 술어 등을 손쉽게 출제하고 단시간에 광범위하게 검사하는 데 유용하며, 문항형식이 간단히 대답할 수 있도록 구성되어 있으면서도 선택형처럼 구조화되어 있지 않기 때문에 추측의 요인을 최대한 배제할 수 있다.

또한 문항제작에 경험이 적은 사람도 쉽게 출제할 수 있다는 점과 도표, 그림, 지도 등 언어로 설명하기 어려운 자료에서 그 명칭, 구조 등을 묻는 데 유용하게 이용가능하다는 장점이 있다.

한편 추리, 해석, 비판, 비교, 분석 등의 고등정신기능을 측정하기 어렵고, 유사한 정답이 나올 수 있기 때문에 채점이 쉽지 않다는 점, 단답형이나 완성형은 학생들의 학습방향을 피상적이고 단순한 방향으로 몰아가게

할 가능성이 많다는 단점이 있다.

(4) 완성형 문항의 사례

> **예** 이 글에 대한 설명으로 바르게 묶은 것은?(합답형)
>
> 〈보기〉 주제, 독자, 내용, 이해, 제제, 발표, 표현
> 말하기와 듣기의 핵심은 '(㉠) 구성하기'이다. 말하기는 자신의 생각을 정리하여 말로 (㉡)하는 행위이다. 듣기는 다른 사람의 말을 듣고, 그 내용을 자신의 생각으로 정리하여 (㉢)하는 행위이다.
>
> ㉠ (　　　) ㉡ (　　　) ㉢ (　　　)

3) 논문형(essay form)

주어진 질문에 제한 없이 여러 개의 문장으로 응답하는 문항 형식이다. 이론적으로는 피험자의 반응을 거의 무한하게 허용하는 자유 반응 유형, 반응범위의 제한 여부에 따라 제한반응형(restricted response form)과 확대반응형(extended response form)으로 분류한다.

(1) 논문형 문항의 종류

논문형 문항의 종류에는 제한반응형, 확대반응형, 단독과제형, 자료제시형, 밑줄표시요구형, 선택 · 평가적 재생요구형, 조건제시적 비교요구형, 조건제외적 비교요구형, 판단 · 결정적 재생요구형, 원인 · 결과제시 요구형, 설명요구형, 요약요구형, 분석요구형, 관계설요구형, 예시요구형, 분류요구형, 적용요구형, 목적제시요구형, 비판요구형, 개괄요구형, 재구성요구형, 문제제기요구형, 방법제시요구형, 도해요구형 등 24가지가 있다.

제한반응형은 응답자가 단답형이나 완성형보다는 반응의 폭이 다소 넓지만 한두 개의 구 또는 문장으로 답을 쓸 수 있도록 응답의 범위와 형태를 엄격하게 제한하는 형식이다.

확대반응형은 응답자가 종합력, 평가력, 구성력, 비판력, 표현력 등과 같은 고차적인 능력을 최대한 자유롭게 표현할 수 있도록 답안에 쓸 내용과 방향 및 응답 방식에 대해 아무런 제한을 가하지 않고 충분한 자유를 주는 형식이다.

단독과제형은 논설문이나 통계자료 등과 같은 답은 답안 작성에 필요한 참고자료를 제시하지 않고, 논제만 제시한 다음 답안을 작성하게 하는 형식이며, 자료제시형은 논제와 함께 답안작성에 필요한 자료를 제시해준 다음 그에 근거해서 답안을 작성하게 하는 형식이다.

밑줄표시요구형은 응답자가 작성한 답안의 내용 중에서 중요하다고 생각하는 부분에 밑줄을 긋도록 하는 형식이다.

선택 · 평가적 재생요구형은 단순한 지식을 그대로 재생하는 것이 아니라 어떤 선택된 평가의 과정을 거친 재생을 요구하는 형식이며, 조건제시적 비교요구형은 특정 관점이나 기준에 따라 주어진 사상들을 비교하도록 요구하는 형식이다.

조건제외적 비교요구형은 아무런 지식, 전제, 요구 또는 조건 없이 주어진 사상들을 비교하도록 요구하는 형식이다.

판단 · 결정적 재생요구형은 어떤 사상에 대한 결정이나 판단을 요구하는 형식이고, 원인 · 결과제시요구형은 어떤 사상에 대한 원인과 결과를 동시에 요구하는 형이며, 설명요구형은 어떤 용어나 진술에 대한 정확한 뜻이나 용법의 설명을 요구하는 형식이다.

요약요구형은 어떤 논설이나 문장을 읽고 그 내용을 요약하도록 요구하는 형이며, 분석요구형은 어떤 사상에 대한 조건이나 구성요소 등을 분석하도록 요구하는 형식이다.

관계설명요구형은 주어진 사상 또는 변인간의 관계에 대한 설명을 요구하는 형이며, 예시요구형은 어떤 법칙이나 규칙 또는 원리에 대한 예시나 예증을 요구하는 형식이다.

분류요구형은 어떤 사물 또는 사상을 주어진 조건 또는 기준에 따라 분류하도록 요구하는 형이며, 적용요구형은 어떠한 원리나 법칙을 새로운 사태에 적용하여 설명할 것을 요구하는 형식이다.

목적제시요구형은 어떤 도구의 사용, 법률의 제정, 제도의 변화 등과 같이 사물 또는 사태에 관한 목적을 제시하도록 요구하는 형식이며, 비판요구형은 어떤 사상의 정당성, 적절성, 타당성에 대한 비판이나 논평을 요구하는 형식이다.

개괄요구형은 어떤 사물에 대해 전체적으로 개괄하도록 요구하는 형식이며, 재구성요구형은 어떤 사상을 재구성 혹은 재조직하도록 요구하는 형식이다.

문제제기요구형은 새로운 질문이나 문제를 제기하도록 요구하는 형식이고, 방법제시요구형은 새로운 절차나 방법을 제안하도록 요구하는 형식이며, 도해요구형은 어떤 사상을 그림이나 도표를 그려 설명할 것을 요구하는 형식이다.

(2) 논문형 문항제작 요령

- 복잡한 학습내용의 인지 여부는 물론 분석 · 종합 등의 고등정신능력을 측정할 수 있도록 해야 한다.
- 논술문항의 지시문을 "비교 · 분석하라", "이유를 설명하라", "견해를 논하라" 등으로 한다.
- 논쟁을 다루는 논문형 문항은 어느 한편의 견해를 지지하는 입장에서 논술을 지시하지 않고, 피험자의 견해를 밝히고 그의 견해를 논리적으

로 전개할 수 있도록 유도해야 한다.

- 질문의 요지가 분명하며 구조화되어야 한다.
- 제한된 논술문항인 경우 응답의 길이를 제한하여 주는 것이 바람직하다.
- 논술문의 제한된 내용이나 지시문 등의 어휘 수준이 피험자의 어휘능력 수준 이하여야 한다.
- 여러 논문형 문항 중 선택하여 응답하는 것을 지양한다.
- 질문의 내용이 광범위한 소수의 문항보다는 협소하더라도 다수의 문항으로 질문하는 것이 좋다.
- 문항을 배열할 때 쉬운 문항에서 어려운 문항으로 배열한다.
- 각 문항에 응답할 수 있도록 적절한 응답시간을 배려한다.
- 문항점수를 제시한다.
- 채점기준을 마련해야 한다.

(3) 논문형 문항의 장 · 단점

논문형 문항은 전체적인 관련 속에서 전후가 논리성 있게 표현되는지를 평가할 수 있다는 점과 분석력, 조직력, 문제해결력, 작문능력 등 다양한 고등정신능력을 측정할 수 있으며, 선다형이나 단답형에 비해 상대적으로 문항을 제작하기가 용이하다는 장점이 있다.

하지만 일정 시간에 많은 문항을 출제하여 검사할 수 없으므로 넓은 교과 영역을 출제하기 어렵다는 점, 문장력이 채점에 영향을 줄 수 있다는 점, 하나의 답안을 여러 사람이 채점할 경우 각각의 점수가 달라질 수 있으므로 채점자의 신뢰도가 낮아질 수 있다는 단점이 있다. 또한 문항이 제대로 출제되지 않는다면 선택형보다 더 단순한 지식 측정이 될 수도 있다는 점도 경계해야 한다(김도진 외, 2015).

(4) 논문형 문항의 사례

예
1. 논술형고사의 장점과 제한점을 200자 원고지 4매 이내로 요약하라.
2. 우리나라 양극화문제는 어떠한 것이 있는지 살펴보고 해결방안에 대해 200자 원고지 4매 이내로 요약하라.

4) 서답형의 장 · 단점

서답형은 반응의 자유도가 크고, 고등정신기능을 측정하는데 유리하며, 문항제작이 비교적 쉽고 학습자의 학습태도를 개선해 준다는 장점이 있다.

반면에 채점의 객관도와 신뢰도를 보장하기 어렵고, 문항표집의 제한성이 있으며, 단편적 지식의 상기에 그칠 위험성이 있다는 단점이 있다.

주의점으로는 정답은 간단한 단어, 어구, 수식으로 대답할 수 있도록 하며, 정답의 수는 하나가 좋고, 4개가 넘는 것은 적당하지 않다. 또한 질문이 명료해야 하며, 단순 암기력의 측정 문제는 최소한으로 줄이는 것이 좋다.

연습문제

01 평가문항의 유형 중 선택형 3가지를 쓰시오.

02 진위형 문항의 종류가 아닌 것은?

① 오류지적형 ② 오류수정형 ③ 삼자택일형
④ 자신감 표시형 ⑤ 관계분석형

03 배합형 문항의 장점이 아닌 것은?

① 문항제작이 비교적 간편하다
② 다룰 수 있는 내용이 포괄적이어서 고등정신능력(비교, 판단, 분석 등)을 측정할 수 있다.
③ 채점 시 선택형 문항과 비교하여 객관성을 확보하기 어렵다.
④ 채점을 신뢰할 수 있고, 객관적으로 하는 것이 용이하다.
⑤ 검사의 객관도 및 신뢰도를 높일 수 있다.

04 가장 많이 쓰이는 형태로 두 개 이상의 답지를 주고 그중 맞는 답지 혹은 가장 알맞은 답지를 선택하는 형태는?

05 선다형 문항의 종류가 아닌 것은?

① 불완전 답지형 ② 다답형 ③ 합답형
④ 부정형 ⑤ 대입형

06 문장의 일부분을 비워 놓고 빈 자리에 단어, 구, 숫자, 기호 등을 써넣어 불완전문장을 완성하도록 하는 형식은?

07 응답자로 하여금 답을 스스로 생성하는 재생과정을 요구하는 점에서 흔히 회상형 문항이라고 부르는 형식은?

08 논문형 문항제작 요령이 아닌 것은?

① 복잡한 학습내용의 인지 여부는 물론 분석 · 종합 등의 고등정신능력을 측정할 수 있도록 해야 한다.
② 중요한 내용을 여백으로 한다.
③ 질문의 요지가 분명하여 구조화되어야 한다.
④ 문항을 배열할 때 쉬운 문항에서 어려운 문항으로 배열한다.
⑤ 문항점수를 제시한다.

09 채점기준의 설정이 가장 어려운 문항형식은?

① 단답형 ② 완성형 ③ 논문형
④ 배합형 ⑤ 선다형

10 아래와 같은 선다형의 단점을 보완하여 개선한다면 어떻게 개선하면 좋을지 쓰시오.

〈선다형의 단점〉
- 다른 선택형에 비해 좋은 문장을 만들기가 어렵다. 좋은 문항을 만들기 위해서는 문항 제작의 지식 및 기술과 더불어 상당한 훈련과 경험이 필요하다.
- 학생이 선택형 문항에 반응할 때 긴장과 불안이 야기되어 불필요한 시간과 노력이 든다.
- 연구된 바에 의하면 선다형은 능력이 높은 학생에게는 불리하고, 능력이 낮은 학생에게는 유리하다.

정답

01 진위형, 배합형, 선다형

02 ⑤

03 ③

04 선다형

05 ①

06 완성형

07 서답형

08 ②

09 ①

10 • 출제자의 출제의도가 학생에게 정확히 전달되어야 한다. 질문이 무엇을 묻는지가 명확해야 한다.
- 단순 지식보다는 사고력(이해, 적용, 분석, 평가) 등을 측정해야 한다.
- 가능하면 답지를 간략하게 표현하도록 한다.

학교교육현장에서 여러 형태의 평가를 실시한다. 해당 교사가 평가를 위해 검사 도구를 직접 제작하거나, 외부의 전문기관에 의뢰하여 실시하더라도 학생들의 평가결과를 채점하여 학생별, 학급별 원점수 위주로 비교하는 데 치중하였다. 검사도구가 평가의 목적에 합당하게 제작되었는지 그리고 도구의 문항들이 양호도가 높은 문항으로 구성되었는지에 대한 문항분석과 그 결과에 따른 해석은 올바르게 하고 있는지를 살펴보아야 후속 작업이 진행될 수 있다. 이 장에서는 크게 둘로 나누어 문항분석과 관련된 문항곤란도, 문항변별도, 문항반응분포도 등과 검사점수를 바르게 이해하기 위해서 원점수, 백분위 점수, 여러 표준점수 등에 대하여 알아보고자 한다.

CHAPTER 08

평가결과의 처리

1 문항분석의 이해

1) 문항분석의 개념

한 개의 검사에는 여러 개의 문항이 들어 있다. 문항분석(item analysis)이란 각 검사 속에 담겨 있는 문항의 양호도를 여러 가지 측면에서 분석하는 것이다. 어떤 검사 문항이 그 기능을 제대로 발휘하고 있는지를 검증함으로써 그 문항의 양호도를 결정하는 작업이다. 문항 전집을 잘 대표할 수 있는 문항들의 검사가 구성되었을 때, 그 검사결과가 전집을 잘 대표할 수 있다. 문항분석은 문항곤란도(item difficulty)와 문항변별도(item validity) 및 문항반응분포(item response distribution) 등의 검증을 통해 이루어진다.

문항분석의 결과는 새로운 문항구성의 자료를 제공하고, 개인 또는 학급의 학습곤란을 발견하고 치료하는 것이다. 문항반응분포를 보면 정답지가 얼마나 정답의 구실을 했으며, 오답지가 얼마나 매력적인가를 알 수 있다.

2) 문항분석의 검증

(1) 문항곤란도(item difficulty)

검사문항의 쉬운 정도 또는 어려운 정도를 나타내는 용어로, 문항난이도라고도 한다. 문항난이도는 한 문항에서 총반응수에 대한 정답 반응수의 비율로 표시한다. 즉, 정답률을 문항곤란도 지수라 하며 정답률이 높으면 쉬운 문항이고, 정답률이 낮으면 어려운 문항인 것이다. 문항곤란도 지수는 정답의 백분율이기 때문에 난이도 지수가 높을수록 그 문항은 쉽다는 의미이다.

문항곤란도는 문장형식이 선택형이냐, 서답형이냐에 따라 곤란도의 산출결과가 달라지며, 선택형 문항일지라도 미달항과 추측요인을 제거하느냐 제거하지 않느냐에 따라서도 산출결과가 달라진다. 문항곤란도 지수의 산출방법은 첫째 응시자수와 정답자수만으로 정답률을 내는 경우, 둘째 응시자수에서 시간이 모자라 답을 못한(미달항) 사람을 제외하고 계산하는 경우, 셋째, 추측요인을 제외하고 계산하는 경우 등이 있다. 문항곤란도 공식은 다음과 같다.

① 정답자만의 곤란도: $P = \frac{R}{N} \times 100$

(P: 문항의 곤란도, N: 전체 사례수(반응자수), R: 정답자수)

예 중학교 2학년 100명의 학생 중에서 도덕 5번 문항에 50명이 정답을 했다면 이 문항의 곤란도 지수(P)는?

풀이: N=100, R=50 $\therefore\ P = \frac{50}{100} \times 100 = 50\%$

② 미달항(NR)을 제외한 곤란도: $P = \frac{R}{N-NR} \times 100$

(P: 문항의 곤란도, N: 전체 사례수, R: 정답자수, NR: 미달항)

예 중학교 2학년 100명의 학생 중에 도덕 5번 문항에 80명이 정답을 했다면 이 문항의 곤란도 지수(P)는?(미달항수는 20)

풀이: N=100, R=80, NR=20, $\therefore\ P = \frac{80}{100-20} \times 100 = 100\%$

③ 추측요인을 제외한 곤란도: $P = R - \frac{W}{n-1} / N - NR \times 100$

(P: 문항의 곤란도, N: 전체 반응자수, n: 해당문항의 답지수, R: 정답자수, W: 오답자수, NR: 미달항)

예 1 중학교 2학년 60명의 학생 중에서 도덕 5번 문항에 45명이 정답을 했다면 이 문항의 곤란도 지수(P)는?

해설: N=60, R=45, $\therefore\ P = \frac{45}{60} \times 100 = 75\%$

예 2 4지 선다형의 경우

답지: ① 40 ② 150(정답) ③ 20 ④ 60

해설: NR=30일 경우 N=300

$$\therefore\ P = 150 - \frac{120}{4-1} / 300 - 30 \times 100 = \frac{150-40}{270} \times 100 = 41\%$$

예 3 5지 선다형의 경우

답지: ① 40 ② 30 ③ 100(정답) ④ 10 ⑤ 20

해설: N=200

$$\therefore\ P = 100 - \frac{100}{5-1} / 200 - 0 \times 100 = \frac{75}{200} \times 100 = 37.5\%$$

문항곤란도 지수는 0~100% 속의 어느 위치를 나타내게 된다(한민석, 2016).

규준지향평가(상대평가)에서는 문항곤란도 지수가 평균 50%일 때 가장 이상적이고, 응답자의 변별력이 가장 크다. 문항의 양 정도는 문항곤란도 지수가 20~80% 사이이다.

준거지향평가(절대평가)에서는 목표성취도를 중시하므로 문항곤란도는 중시하지 않는다. 즉, 목표지향평가는 학생들이 설정한 교육목표에 도달했는지를 파악하기 위해 실시하는 것이므로 문항이 어렵건 쉽건, 변별력이 있건 없건 관계없이 그 문항이 설정한 교육목표를 잘 성취하고 있느냐의 여부에 관심을 둔다.

(2) 문항변별도(item discrimination)

문항변별도는 개개의 문항이 측정하려고 하는 능력이나 특성의 유무를 얼마나 잘 가려내는가의 정도를 말한다. 문항 하나하나가 상·하위 집단의 능력을 변별하는 정도이다. 검사에서 총점이 낮은 집단과 높은 집단을 얼마나 잘 구별해 주는가를 나타내는 지수이다. 검사의 결과가 높은 점수를 받은 집단과 낮은 점수를 받은 집단으로 구분했을 때, 상위 집단의 정답률이 하위 집단의 정답률보다 의미 있게 높아야 변별력이 있다. 다시 말하면 문항변별력은 그 문항이 무엇을 측정하고 있느냐, 그 문항이 학생의 능력을 변별하는 힘이 있느냐를 묻는 것으로, 문항타당도(item validity)라고도 한다.

문항변별도는 어떤 검사에서 총점을 성적순으로 배열했을 때, 그 중앙치를 중심으로 상위 부분과 하위 부분으로 나누어 계산하는 것으로, 상위 부분의 학생이 하위 부분의 학생보다 정답에 반응한 확률이 높아야 의미있는 것이 될 것이다.

문항변별도는 변별도지수(DI: Discrimation Index)로 나타내며 ±1.00까지 사이에 분포되어 있는데, 바람직한 변별도지수는 +.30~+.70 사이에 분포되어 있다. 변별도지수는 곤란도가 50% 정도일 때 가장 크다. 곤란도가 0%나 100%의 극단에 가까울수록 줄어든다. 변별도지수는 존슨(Johnson)의 공식에 의하여 산출되며, 다음과 같다(신정철, 1989).

$$DI = \frac{\frac{H \pm L+}{N}}{2} = ULI = \frac{RU - RL}{f}$$

※ ① DI(ULI): 변별도지수(상하부의 지수) ② H+(RU): 상위 부분의 정답수
③ L+(RL): 하위 부분의 정답수 ④ N(2f): 상하부의 사례수

문항의 정답률이 하위 집단이 상위 집단보다 월등히 높았다면 그 문항은 어딘가 심하게 잘못된 것이다. 문항추측을 많이 할수록 변별력은 떨어지며, 극단적으로 문항이 어렵거나 문항이 쉬운 경우도 문항변별력은 떨어진다.

하위 집단에 비해 상위 집단의 정답률이 높은 경우 문항변별력이 높고, 상위 집단의 정답률이 낮은 경우 문항곤란도(난이도)가 큰 문항이라고 할 수 있다.

절대평가에 있어서는 개인차를 변별하는데 목적이 있는 것이 아니라, 교육목표의 달성도를 측정하는 데 목적이 있으므로, 그 문항이 주어진 교육목표를 타당하게 측정한다면 문항변별도는 크게 신경 쓸 필요가 없다. 상대평가에 있어서 문항변별도는 문항의 양호도를 판단하는 기본적인 준거가 되므로 변별도지수가 최저 .20이어야 하고, .30 이상이면 만족스러운 수준이라고 본다.

문항변별도는 다음과 같은 몇 가지 특징을 지닌다.

첫째, 검사의 총점이라는 내적 준거에 의해 문항타당도를 고려한다.

둘째, 변별도지수는 + 부호를 가지면서 그 값이 크게 나와야 바람직하다. 변별도지수가 양수(+)이면 정적 변별력을 갖고, 0에 가까우면 변별력이 거의 없다는 것을 의미한다. 그러므로 변별도지수는 +.30~+.70까지가 가장 바람직한 분포이다. 변별도지수가 음수(-)인 경우는 하위 집단이 상위 집단보다 높은 점수를 얻은 경우로 이는 어딘가 심하게 잘못되어 있음을 의미한다.

셋째, 변별도지수는 상관계수와 마찬가지로 -1.00~+1.00에 분포된다.

넷째, 변별도지수는 규준지향평가(상대평가)에 유용하게 쓰인다.

다섯째, 학습의 실패자와 성공자의 변별이 잘 되는 교육목표가 어느 것인지를 확인하는 데 중요한 정보를 제공한다.

(3) 문항반응분포도(item response distribution)

문항반응분포도란 각 문항별 답지에 학생들이 어떻게 반응하고 있는가를 나타내는 반응이다. 즉, 문항의 각 답지에 대한 반응의 분포 상태를 말한다. 각 답지의 분석은 정답과 오답이 제대로 역할을 하고 있는가를 나타낸다. 학생들이 문항의 각 답지에 어떻게 반응하고 있는가를 기술하고, 그에 근거하여 분석을 시도하는 방법이다. 정답에 응답한 수가 20~80% 사이를 반응하고 있어야 답이 제대로 정답 구실을 하게 된다. 오답에 대한 반응도 골고루 분산되어야 진짜 정답을 모르게 모두가 그럴 듯한 매력적인 오답을 지니고 있어야 양호한 문항이라 할 수 있다(한민석, 2016).

문항의 반응분포를 이용하는 방법은 다음과 같다(하영철 외, 2004).

상대평가에서는 각 문항에서 대부분의 학생이(약 50% 이상) 정답에 반응하고 소수의 학생은 오답지에 비슷하게 분산되어 있을 것을 기대한다. 이렇게 될 때 문항은 학생의 능력차를 예민하게 변별할 수 있고, 또 오답은 오답의 역할을 제대로 수행할 수 있게 된다. 만약 이 같은 반응분포를 보이지 않는 경우에는 문항표본이 모집단을 제대로 대표하고 있지 못한 증거로 받아들여진다.

절대평가에서는 학습과제 초기 단계의 문항에서 대부분의 학생이 정답에 반응하고 오답에는 적게 반응하며, 학습이 진행되어 점차 학습과제의 종결에 도달할 때 실시한 형성평가의 문항에 정답 반응을 하는 학생이 감소하는 현상이 예상된다. 그러나 소수의 학생이 정답에 반응하고 대다수의 학생이 오답에 반응하는 경우에도 허용문항(permissible item)으로 다룬다. 이 경우 형성평가의 문항 자체가 제 역할을 못했다고 보지 않는다. 그것은 교수-학습조건이 제대로 역할을 못해서 학생이 성취수준에 도달하지 못한 것으로 간주한다. 이때 문항반응분포에서 얻은 증거는 곧 교수-학습과정을 개선하는 정보이다(하영철 외, 2004).

문항의 반응분포에 대한 이론은 먼저, 문항반응 이론으로 이 이론은 문항을 총점 중심으로 분석하는 것이 아니라, 문항 각각의 불변하는 속성을 표현하는 문항특성곡선에 의하여 문항을 분석하는 이론과 피험자 능력에 따라 문항의 답을 맞힐 확률을 나타내는 문항특성곡선이 있다.

2 검사점수의 이해

검사점수의 표시방법에는 원점수, 백점만점척도, 등위점수척도, 백분위점수, 표준점수, 문자점수, 종합점수 등이 있다. 여기에서는 문자점수, 종합점수를 제외한 나머지 점수에 대하여 살펴보고자 한다.

1) 원점수

어떤 평가를 할 때 채점되어 나오게 되는 점수 그대로를 의미한다. 기준점이 없고, 여러 교과에서 나오는 점수를 비교할 수 없으며, 두 집단 간의 성취도를 비교할 수 없다. 또한 원점수는 비동간척도에서 나온 측정치이다.

2) 백점만점척도

점수의 범위가 0에서 100까지인 점수로, 의미 있는 준거, 검사결과의 안정성, 객관성과 일관성도 없다.

3) 등위점수척도

등위점수는 서열이나 순위를 나타내는 점수를 말하며, 석차, 등위와 같은 척도를 말한다. 예를 들어, 어떤 검사점수의 원점수를 최고점에서부터 차례로 1, 2, 3, …… 등으로 석차를 부여하는 방법이다. 등위점수는 학생들의 상대적 위치만 표시해 주고, 학업성취도를 표시해 주지는 않기 때문에 집단의 성질이나 학생수가 달라지면 등위점수가 달라진다.

4) 백분위점수(percentile rank)

백분위점수는 일정한 누가 백분율에 해당하는 점수 분포상의 한 점수를 나타내며, 백분위와 관련시킬 때 이에 관계되는 원점수를 의미한다. 특정 점수 이하의 점수를 얻은 학생들이 전체에서 차지하는 백분율을 의미한다.

백분위는 그 점수 미만에 놓여 있는 사례의 전체 사례에 대한 백분율을 말하며, 백분점수는 점수 분포상에서 어떤 일정한 백분위에 해당하는 사례가 그 점수 미만에 놓여 있을 때 백분위에 해당하는 점수를 말한다.

예를 들어, 어떤 학생이 얻은 원점수가 80점이라 할 때, 학생이 받은 점수 80점 아래에 전체 학생의 몇 %가 있는가를 나타내는 것이다. 백분위점수는 100을 기준으로 했기 때문에 집단의 크기나 평가의 종류가 다르더라도 서로 비교해 볼 수 있다. 학생들의 상대적인 위치를 100을 기준으로 해서 표시해 줄 뿐 학업성취도의 상대적 능력을 표시해 주지는 않는다(조화섭, 2004).

5) 표준점수

서로 다른 두 점수에서 얻어진 점수를 상호 비교하기 위해서는 원점수나 석차 또는 백분위 점수만으로는 부족하다. 예를 들어, 영희가 수학시험에서 60점을 받고 국어시험에서는 70점을 받았다고 할 때, 어느 시험의 점수가 더 잘 한 것인지를 알려면, 각 검사의 집단 평균과 다른 학생들의 점수가 어떻게 분포되어 있는지도 함께 고려되어야 한다. 이 경우 검사를 응시집단의 점수분포가 정규분포라는 것을 가정한다면 영희의 점수가 각 시험의 평균과 다른 정도를 표준편차를 단위로 하여 나타내면 보다 쉽게 상대적 비교가 가능할 것이다. 이처럼 원점수가 정규분포의 평균에서 떨어진 거리(편차)를 그 집단의 표준편차를 단위로 하여 표시한 값을 표준점수라고 한다(강승호 외, 2012).

표준점수는 통계적 절차에 따라 어떤 척도로 옮겨놓은 것으로 가장 신뢰로운 척도이다. 가장 일반적으로 사용되는 표준점수에는 Z점수, T점수, C점수(스테나인점수), H점수가 있다.

(1) Z점수

Z점수는 가장 대표적인 표준점수로, 원점수 평균으로부터의 편차를 표준편차의 단위로 나타낸 것이다. 즉, 한 분포에서 얻어진 특정한 점수(X)를 그 집단의 평균(M)과 표준편차를 고려하여 환산한 점수이며, Z점수는 "+"의 값을 가질 수도 있고, "-"의 값을 가질 수도 있다. Z점수는 평균이 0이고 표준편차가 1이며, 전체 사례수를 1로 하는 득수한 분포이다. Z전수는 여러 분포에서 얻어진 점수를 비교하는데 유용하며, 가감승제가 가능하다.

Z점수를 산출하는 공식은 다음과 같다.

$$Z = \frac{X - M}{S}$$

(X: 개인의 점수(원점수), M: 평균, S: 표준편차)

예 어느 학급의 국어, 사회시험의 평균과 표준편차가 다음의 표와 같을 때, 국어 76점, 사회 73점을 얻은 학생은 어느 과목에서 더 좋은 성적을 냈다고 할 수 있는가?

구분	평균(M)	표준편차(S)
국어	6.5	9.4
사회	60.3	10.8

풀이

Z 국어 = $\frac{76-66.5}{9.4} \fallingdotseq 1.01$ Z 사회 = $\frac{73-60.3}{10.8} \fallingdotseq 1.18$

∴ 사회 성적이 국어 성적보다 상위이다.

(2) T점수

원점수 분포가 정상분포를 이룰 경우 Z점수는 대략 −3에서 +3 사이의 값을 갖게 된다. Z점수는 소수점 이하의 값을 가지고 있고, 또 음수(−)의 값을 취할 수도 있다. 이러한 불편함을 해소하기 위하여 생각해 낸 것이 T점수이다.

T점수의 평균은 50이고 표준편차는 10이며, 분포는 20~80의 범위 안에 든다. Z점수의 0점은 T점수의 50점이 되고, Z점수의 1점은 T점수에서 50점에 10점을 더한 60점이 되는 것이다. 현재 우리나라 대입수학능력시험의 결과는 T점수 척도를 표준점수로 이용하고 있으며, 그 산출 공식은 다음과 같다(강승호 외, 2012).

$$T = 10Z + 50$$

(3) C점수(스테나인)

스테나인이란 그 원어(standard nine-point score)가 말해주듯이 9개의 범주를 가진 표준점수로서 평균을 5, 표준편차를 2로 표순화한 점수이다. 스테나인 점수는 원점수의 분포를 정규분포로 가정하고 가장 낮은 점수부터 높은 점수로 배열한 후, 맨 하위 4%에 1을, 그 다음 7%에 2를, 그 다음 12%에 3을, 그 다음 17%에 4를, 그 다음 20%에 5를 부여하며, 상위 부분은 같은 비율 역순으로 6, 7, 8, 9를 부여한다. 즉, 스테나인 점수 1을 집단에서 최하위 4%에 속한다는 것을 말하며, 스테나인 5는 중간 부분 20%에 해당한다는 것을 나타낸다(강승호 외, 2012). 스테나인 점수는 세세한 점수로 표시하지 않고 큰 묶음으로 성적을 나타내고자 할 때 사용하는 표준점수이다.

그리고 이밖에도 평균이 50, 표준편차를 14로 한 점수는 H점수가 있다.

지금까지 정규분포에 기초한 Z점수, T점수, 스테나인 점수에 대하여 살펴보았다. 이들 점수의 관계를 그림으로 나타내면 그림 8-1과 같다.

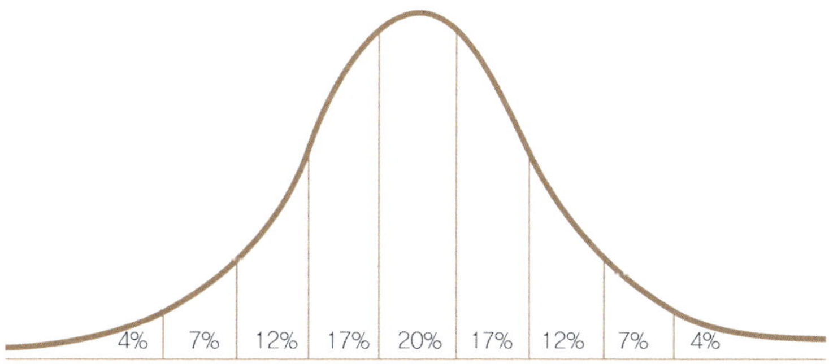

스테나인	1	2	3	4	5	6	7	8	9
Z점수	−1.75	−1.25	−.75	−.25	+.75	+.75	+1.25	+1.75	
T점수	32	37	42	47	53	58	63	68	
백분위	4	11	23	40	60	77	89	96	

출처: 강승호 외(2012). 현대교육평가의 이해. 교육과학사.

그림 8-1 정규분포에서 스테나인, Z점수, T점수의 관계

연습문제

01 한 문항에서 총반응수에 대한 정답 반응수의 비율로 표시하며, 정답률이 높으면 쉬운 문항이고, 정답률이 낮으면 어려운 문항인 것이라고 하는 문항분석을 위한 검증방법은 무엇인지 쓰시오.

02 문항 하나하나가 상 · 하위 집단의 능력을 변별하는 정도로, 검사에서 총점이 낮은 집단과 높은 집단을 얼마나 잘 구별해 주는가를 나타내는 지수와 관련된 문항분석을 위한 검증방법은 무엇인지 쓰시오.

03 학생들이 문항의 각 답지에 어떻게 반응하고 있는가를 기술하고, 그에 근거하여 분석을 시도하는 방법과 관련된 문항분석을 위한 검증방법은 무엇인지 쓰시오.

04 가장 대표적인 표준점수로, 원점수 평균으로부터의 편차를 표준편차의 단위로 나타낸 것이다. 평균이 0이고 표준편차가 1이며, 전체 사례수를 1로 하는 특수한 분포이다. Z점수는 여러 분포에서 얻어진 점수를 비교하는데 유용하며, 가감승제가 가능한 표준점수는?

① Z점수 ② T점수 ③ C점수
④ H점수 ⑤ 원점수

05 평균치를 50, 표준편차는 10이며, 분포는 20~80의 범위로 하는 표준점수로, 현재 우리나라의 대학수학능력시험의 결과는 이 점수를 이용하고 있는데 이 표준점수는?

① Z점수 ② T점수 ③ C점수
④ H점수 ⑤ 원점수

06 9개의 범주를 가진 표순섬수로서 평균을 5, 표준편치를 2로 표준화한 점수로, 세세한 점수로 표시하지 않고 큰 묶음으로 성적을 나타내고자 할 때 사용하는 표준점수는?

① Z점수 ② T점수 ③ C점수
④ H점수 ⑤ 원점수

07 중학교 2학년 200명의 학생 중에서 도덕 5번 문항에 100명이 정답을 했다면 이 문항의 곤란도 지수(P)는?

08 어떤 학급의 학력고사 점수가 M = 50, SD = 15일 때 X라는 학생이 80점을 맞았다면 T점수는 얼마인가?

정답

01 문항곤란도
02 문항변별도
03 문항반응분포
04 ①
05 ②
06 ③
07 N=200, R=100 ∴ $P=\frac{100}{200}\times 100=50\%$
08 T = 50 + 10Z Z = (80 − 50) / 15 = 2 ∴T = 70

인지적 영역에 대한 평가의 중요성이 높았으며, 지금까지 학교에서의 평가방법도 이를 평가하기 위한 것이 대부분이었다. 이에 반해 정의적 영역에 대한 평가가 본격적으로 진행된 것은 오래되지 않았다. 지금의 교육현장에서는 정의적 영역에 대한 실질적인 교육활동이 진행되고 있으며, 이에 대한 평가 방식도 다양하게 이루어지고 있다. 인지적 영역에 대한 평가와는 달리 정의적 영역에 대한 평가는 보다 더 세밀하고 정교함이 요구된다. 따라서 평가자는 이에 대한 전문성을 갖추고 있어야 한다.

이 장에서는 정의적 영역 행동 특성을 잘 반영하는 적합한 평가방법 몇 가지를 소개하고자 한다.

CHAPTER 09

정의적 영역의 평가

1 정의적 영역 평가 시 유의사항

정의적 영역의 행동 특성을 평가할 때는 인지적 영역과는 달리 좀 더 섬세하고 구체적인 준비과정이 필요하다. 정의적 영역 행동 특성평가에 대한 타당도와 신뢰도를 높이기 위해서는 몇 가지 유의해야 할 사항이 있다.

첫째, 정의적 행동 특성 중 평가하고자 하는 것을 명확히 하는 것이 좋다. 정의적 행동 특성은 내재적 행동이나 비가시적인 심리 기제가 작용할 가능성이 크기 때문이다. 어떤 특성을 측정할 때 그 정의적 행동 특성과 관련된 다른 특성들이 영향을 미칠 수 있기 때문이다.

둘째, 대상에 대한 평가 방식에 따라 개별평가를 할 것인가 집단평가를 할 것인가를 고려해야 한다. 대상자의 성격, 환경, 평가 주제에 따라 적합한 방법을 선택할 수 있다.

셋째, 반응의 경향성으로서 중립화와 허위반응성 등을 고려해야 한다. 중립화는 어떤 태도나 가치관에 관한 질문에 중립적인 반응을 취하는 것을 의미한다. 허위반응은 평가목적을 인지하고 의도적으로 좋은 혹은 나쁜 결과가 나오도록 반응하는 것이다.

넷째, 정의적 행동 특성을 평가하기 위한 다양한 방법을 활용하는 것이 좋다. 정의적 행동이 무엇이냐에 따라서 그것을 평가할 수 있는 적절한 방법을 선택하는 것이 효과적이다.

다섯째, 인지적 영역에 대한 평가에 비해 정답이 정해지는 경우는 많지 않기 때문에 평가자료를 바탕으로 최종적인 평가를 할 때는 신중한 자료분석이 필요하다. 필요에 따라서는 재평가도 실시할 필요가 있다.

2 정의적 영역 평가방법

1) 질문지법

(1) 자유반응형

자유반응형은 질문에 대해 자유롭게 응답한 것을 평가하는 방법이다. 즉, 질문에 대해 자신의 의견을 진술하는 질문형태이다.

예 자신의 진로선택에서 가장 중요하게 생각하는 가치관은?

(2) 선택형

선택형은 주어진 질문에 부여된 선택지를 고르는 질문형태를 말한다.

예 자신의 대인관계 형성에서 가장 중요하게 생각하는 것은?
① 외모 ② 성격 ③ 학업성적 ④ 경제적 수준 ⑤ 인맥

(3) 유목분류형

유목분류형은 질문에 대하여 분류된 항목으로 응답하는 형태이다.

예 청소년으로써 해야 할 행동과 하지 말아야 할 행동에 관한 항목을 분류하시오.

① 학업에 충실히 임한다.
② 건진힌 인성을 함양하기 위해 노력한다
③ 일탈행동을 자주한다.
④ 자해행동을 습관화한다.
⑤ 정체성 형성을 위해 자신이 누구인지에 대해서 고민한다.

1) 해야 할 행동: (   )
2) 하지 말아야 할 행동: (   )

(4) 등위형

등위형은 나열한 선택지 중 중요한 순서에 의하여 배열하는 질문형태이다.

예 인성함양을 위해 필요한 요소 중 가장 중요하게 생각하는 것을 순서대로 쓰시오.

① 건강한 체력 ② 좋은 친구 ③ 화목한 가정 ④ 경제적 부 ⑤ 학교 선생님
⑥ 좋은 지역 ⑦ 의미있는 경험 ⑧ 문화시설 및 프로그램 ⑨ 사회안전 보장과 질서

질문지법은 사용하기가 편리하고, 정의적 영역인 의견, 태도, 감정이나 가치관 등을 측정하는 데 적합하다. 그러나 질문만으로 측정할 수 없는 특성이 있을 수 있으며, 응답의 진위 여부를 확인하는 것이 어렵기 때문에 결과를 해석하는 데 주의해야 한다(성태제, 2002).

2) 평정법

평정법은 평가대상에게 판단의 연속적인 개념을 부여하는 평가방법으로

평가하고자 하는 정의적 특징을 여러 단계로 분류하여 해당되는 단계에 응답하게 하는 질문형태이다. 이를 위하여 사용된 척도를 리케르트(likert)척도라고 한다.

평정법을 사용할 때 고려해야 할 점은 특성의 양극단에 대한 개념을 확실히 하고, 측정치를 수량화할 수 있어야 한다는 것이다. 장점으로는 측정도구의 작성이 쉽고, 자료분석이 용이하다는 점을 들 수 있다. 반면에 응답자의 중립화 경향이 있으며, 각자 다른 기준에 의하여 상대적으로 판단하므로 해석에 주의를 기울여야 한다(성태제, 2002).

예 교내에서의 청소년 이성교제에 대하여 어떻게 생각합니까?

매우 반대	반대	그저 그렇다	찬성	매우 찬성

3) 관찰법

질문지법에 의한 응답 결과는 자기보고식 평가방법이므로 응답결과가 응답자의 허위반응이나 가치중립화 경향에 의하여 잘못된 결과가 나올 수 있다. 이러한 문제를 줄이기 위해 관찰법을 사용한다. 관찰법은 피험자에게 반응을 요구하지 않고 행동을 관찰하여 평가자료를 수집하는 방법이다.

관찰법은 참여방법에 따라 크게 참여법과 비참여법, 준참여법으로 나뉜다. 참여법은 같은 생활 속에 들어가서 행동을 관찰하는 방법이다. 참여법은 특수한 행동에 관한 자료를 수집할 수 있지만, 관찰과정에서 주관적 요소가 개입될 가능성이 있다. 비참여법은 밖에서 보는 것으로 조직적이고 계획적이다. 대부분의 관찰법이 여기에 해당되는데, 심층적 접근에 한계가 있고, 피험자가 관찰에 대해 인지할 경우 의식적인 행동을 보일 수 있다.

마지막으로 준참여법은 참여법과 비참여법의 조합적 형태로서 일부에만 참여하여 관찰하는 것이다.

관찰법은 통제 여부에 따라 통제관찰법과 비통제관찰법으로 구분할 수 있다. 통제관찰법은 대상, 장면, 행동 등을 인위적으로 꾸미고 이러한 상황에서 하는 행동을 관찰하는 방법이다. 비통제관찰법은 있는 그대로 관찰하는 방법이다.

관찰법은 관찰결과의 기록방법에 따라 일화기록법, 행동기록법, 도식법, 기계적 기록법 등으로 나뉠 수 있다.

일화기록법은 인간의 성격, 행동의 특성, 적응 양식 등 구체적인 행동을 상세하게 질적으로 기록하는 방법으로, 구체적이고 특수한 사건을 기록하는 것이다. 행동기록법은 개인의 행동을 시간적 흐름에 따라 기록하는 방법이다. 그리고 관찰한 내용을 부호나 그림으로 기록하는 도식법이나 녹음과 녹화 등을 통해 자료를 기록하는 기계식 기록법도 있다.

관찰법을 사용하여 정의적 행동 특성을 기록할 때는 다음과 같은 사항을 유의해야 한다. 첫째, 계획적으로 관찰해야 한다. 둘째, 평가자의 주관이 개입되지 않은 객관적인 관찰을 해야 하고 상황을 고려한 변화 추이를 관찰해야 한다. 셋째, 관찰을 할 때 피험자에 대한 편견이나 선입견이 들어가지 않도록 해야 한다.

이러한 관찰법은 질문지법이나 평정법에 의해 측정할 수 없는 행동변화에 관한 자료를 얻을 수 있으며, 허위 반응과 중립화 경향을 방지할 수 있다. 하지만 관찰에 대한 결과를 점수화하는 데 제한이 따르며, 때로는 주관적인 판단을 내릴 수 있다는 단점이 있다.

표 9-1 행동관찰 기록지(친사회성 발달)의 예

관찰대상		학년/반	
성 별		관찰자	

관찰일자	1회	년 월 일 시 분	3회	년 월 일 시 분
	2회	년 월 일 시 분	4회	년 월 일 시 분

연번	관찰내용	1회	2회	3회	4회
1	타인의 감정을 이해하고 그에 맞는 언어와 행동을 한다				
2	또래와 물품을 나누어 쓴다				
3	놀이나 작업을 할 때 협동적으로 한다				
4	타인의 부탁을 들어 준다				
5	또래에 무슨 일이 생기면 나서서 도와준다.				
6	친구의 말을 경청한다.				
7	또래에게 양보할 줄 안다.				
주요 행동 특징					

4) 체크리스트법(행동목록법)

체크리스트법은 보다 정교하고 구조화되어 있는 특징이 있으며, 평가 요소와 항목 등이 구체화되어 있다. 체크리스트법은 행동의 출현유무를 파악하고, 누적적으로 자료를 수집할 경우 단계적 발달과정에 대한 파악이 가능해진다. 그리고 수량화가 용이하며, 자료수집의 효율성이 높다는 점과 특별한 훈련없이도 활용할 수 있다는 것이 장점이다. 하지만 행동의 출현 빈도를 파악하기 어려울 수 있고, 사건에 대한 구체적 기록이 결여될 수 있다. 게다가 행동이 일어난 전후 관계나 행동에 대한 질적 정도를 파악하기가 어려울 수 있다.

체크리스트를 작성하거나 활용할 때 유의해야 할 사항은 다음과 같다. 예를 들어, 직접 관찰 가능한 구체적인 행동으로 기술해야 한다. 항목 간 중복이 있으면 안 되고 항목에는 일정한 체계가 있어야 한다. 체크리스트 내용은 관찰할 영역이나 행동을 대표하는 것이어야 한다. 그리고 한 가지 행동만을 나타내는 간결한 표현으로 진술되어야 한다.

표 9-2 아동의 사회생활 관련 체크리스트의 예

연번	목록	점검(O/X)
1	다른 사람과 대화를 할 때 얼굴을 보며 말하기	
2	공동체 생활에서 규칙 지키기	
3	다른 사람들과 인사 나누기	
4	자신의 생각과 느낌을 잘 표현하기	
5	피해를 당했을 때 합리적으로 해결하기	
7	도움을 받았을 때 고마움을 표시하기	
8	잘못한 행동을 하였을 때 인정하고 수용하기	

5) 의미분석법

의미분석법은 사물, 인간, 사건 등에 대한 의미를 공간 속에서 측정하는 방법이다. 즉, 개념의 의미를 양극의 뜻을 갖는 대비되는 형용사군으로 만들어서 의미를 측정하는 방법이다. 일반적으로 태도, 지각, 가치관을 측정할 때 많이 사용한다.

의미분석법에서는 다음과 같이 평가요인, 능력요인, 활동요인 차원에서 분석이 이루어진다.

표 9-3 의미분석의 세 차원

차원	내용	형용사군(예)
평가요인	가치판단적인 형용사군	좋은-나쁜 깨끗한-더러운 옳은-옳지 못한
능력요인	능력에 관계되는 형용사군	신뢰가 높은-신뢰가 낮은 유능한-무능한 강한-약한
활동요인	개념의 활동성과 관련되는 형용사군	적극적-소극적 진취적-보수적 민첩한-둔감한

의미분석법은 서로 반대의 의미로 쓰이는 개념을 양극으로 대비시키고, 형용사를 이용하여 측정한다. 그리고 평가, 능력, 활동요인이 각각 독립된 축을 이루는 세 차원의 의미공간에서 각 개념의 위치를 상대적으로 비교하여 분석하는 것이다. 또는 두 차원의 형식으로 나타낼 수도 있다.

예를 들어, 표 9-4와 같이 의미분석법의 각 요인을 7단계(-3, -2, -1, 0, +1, +2, +3)로 구분한 다음 '교사'라는 개념의 의미를 학생들에게 물어보고 나서 이를 평균하였을 때 평가요인은 +3, 능력요인은 +2, 활동요인은 -1로 나타났다. 따라서 '교사의 의미'는 '평가도 좋고 능력도 있으나 활동성은 조금 낮은 직업으로 인식하고 있다'라고 평가할 수 있다.

표 9-4 의미분석법을 활용한 문항의 예

'교사'의 개념에 대한 의미 평가											
차원	내용	척도							내용	평가(평균)	
		-3	-2	-1	0	1	2	3			
평가요인	나쁜						V		좋은	+2	3
	인기없는							V	인기있는	+3	
	불안정한							V	안정적인	+3	

차원	내용	척도							내용	평가(평균)	
		-3	-2	-1	0	1	2	3			
능력 요인	신리가 낮은					V			신뢰가 높은	+1	+2
	무능한							V	유능한	+3	
	약한						V		강한	+2	
활동 요인	소극적				V				적극적	0	-1
	보수적		V						진취적	-2	
	둔감한					V			민첩한	1	

의미분석법은 특정 개인이나 집단이 한 개의 개념을 어떻게 지각하고 있느냐를 측정하는데 유용한 도구로 사용되고 있다. 이러한 의미분석법은 최근에는 발달심리학, 학습 이론, 태도 및 가치관 등 여러 분야에 걸쳐 응용되고 있다. 그러나 이 방법이 인상적이고 직관적인 분석 및 해석이 많다는 것과 정교화가 부족하다는 점이 단점이다.

6) 사회성측정법

(1) 사회성측정법의 의미

사회성측정법이란 인간관계에 관한 평가방법으로 집단 내에서 개인들의 친구 선택에 관한 자료를 수집하는 기술을 의미한다. 우선 사회성측정법은 구성원들이 집단 내에서 차지하는 지위, 즉 사회성 지위에 관한 정보를 제공하므로 개인 간의 관계에서 문제를 가진 학생이나 잠재적 지도성을 가진 학생을 발굴, 치유 또는 개발할 수 있게 해준다. 즉, 집단구성원 간의 상호수용, 매력, 반발, 무관심 등을 조사하여 개개인의 집단 내의 지위와 집단의 사회적 구조를 알아내게 해주는 것이다.

이와 같이 집단 내에서 개인의 사회적 위치와 비형식적인 집단 형성의 구조를 알아내는 방법을 사회성측정, 사회성측정검사, 사회성측정기술이라 한다.

(2) 사회성측정법의 목적

사회성측정법의 목적은 조화로운 인간관계를 맺어 나갈 수 있는 개인을 만들며, 최대의 능률을 올리고 최소의 분열적 경향과 협동적으로 작업할 수 있는 집단을 만드는 데 있다. 따라서 사회성측정법은 집단의 모호한 인간관계의 성격이나 내재된 관계구조를 밝혀줌으로써 집단 내의 인간관계를 개선하고 발전시켜 나가도록 돕는 데 있는 것이다(변인섭, 2000). 사회성측정법은 집단의 구성원들이 서로에 대해 생각하고 느끼는 바를 측정하는 데 사용되며, 집단구성원들의 네트워크 분석에 적용되고 있다.

(3) 사회성측정법의 종류

① 동료평정법

동료평정법은 학생들의 인기, 통솔력, 집단의 권력 주도성 및 다른 사람에 대한 관심의 정도 등을 평가하고자 할 때 사용된다. 이것은 교사에 의한 평정보다 또래에 의한 평정이 보다 타당한 자료를 제공해 주기 때문이다.

예
- 우리 반에서 리더십이 가장 강한 친구는 누구인가?
- 우리 반에서 책임감이 강해서 반장을 하면 좋을 것 같은 친구는 누구인가?

동료 간 평정 시에 유의할 점은 평정하고자 하는 특성이 학생이 이해할 수 있는 범위 내에 있어야 한다. 특히 아직 어린 학생들은 "가장 약속을 잘 지키는 사람은?"이라는 문항을 평정할 수는 있겠지만, "가장 공덕심이 강한 사람은?"이라는 문항은 그 의미를 이해하기가 곤란하게 되는 것이다. 그리고 각 학생에 대한 평정결과에 대한 비밀은 철저히 보장되어야 한다. 따라서 좋지 않은 결과를 얻은 학생에게 모욕감이나 열등감을 주는 것을 방지할 수 있으며, 학생들로부터도 진정한 반응을 얻을 수 있게 된다.

② 동료지명법

동료지명법은 사회성측정법의 중심방법으로 다양한 상황에서 학생이 택하거나 배척하는 사람의 이름을 물음으로써 학급 내에 현존하는 여러 가지 인간관계, 사회적 구조 등을 알 수 있게 하는 방법이다. 따라서 교사가 어떤 것을 알고자 하느냐에 따라 그 질문도 여러 가지로 달라지게 된다.

예
- 누구와 같이 앉기를 원하는지 원하는 순서대로 3명을 쓰세요.
- 생일파티에는 누구를 초대하고 싶은지 원하는 대로 3명을 쓰세요.

이러한 질문에 대한 학생의 반응을 조합하여 각 문제에 대한 행렬표를 작성하면 한 학급내 학생들의 사회적 관계를 이해하는 데 많은 도움이 된다.

③ 사회적 거리 추정법

사회적 거리 추정법은 개인이나 집단이 다른 개인이나 집단으로부터 수용 혹은 배척되는 정도를 평가할 수 있는 방법이다.

동료평정법이나 동료지명법에서는 선택할 수 있는 대상이 2~3명 이내로 제한되어 있어서 왜 나머지 학생들을 선택하지 않았는가에 대한 정보를 얻지 못하는 단점이 있다. 이에 대해서 사회적 거리 추정법은 주어진 일련의 질문에 대해서 한 학생이 모든 학생에게 반응할 수 있도록 하고 있다.

이 방법은 주어진 집단을 어떻게 받아들이고 있는가에 대한 것뿐만 아니라, 그 집단이 그 학생을 어느 정도 인정하고 배척하느냐의 정도를 분석해 낼 수 있으므로 집단의 사회적 역동성을 파악하는 데 도움이 된다.

표 9-5 사회적 거리 추정법을 적용한 두 학생에 대한 반응의 예(N=32명)

척도문항	가장 인기가 높은 학생 A	가장 인기가 없는 학생B
1. 그가 나의 가장 친한 친구가 되었으면 좋겠다.	20	2
2. 가장 친한 친구는 아니지만 우리 팀과 함께 하고 싶다.	7	15
3. 가끔 친하고 싶은 친구이다.	3	4
4. 그가 우리 반에 있는 것은 상관없지만 그와 친해지고 싶지는 않다.	1	3
5. 그가 우리 반에 없으면 한다.	1	8

④ 소시오그램

소시오그램은 한 집단의 사회적 구조를 기호화된 그림으로 나타내어 사회적 관계를 전체적으로 파악할 수 있는 평가방법이다. 예를 들어, '시험기간에 함께 공부하고 싶은 친구를 선택하라'라는 질문에 대한 일방적 선택 중 첫 번째 선택을 →, 두 번째 선택을 ⇢로 나타낼 수 있다. 이때 가장 많이 선택된 학생은 인기학생으로서 중앙에 위치하고 가장 덜 선택된 학생은 주변에 위치한다.

교우도표를 그려본 결과, 비교적 많은 아이들이 좋아하는 아이가 있는데 이를 중심 아동이라 하며, 비교적 많은 아이들이 싫어하거나 아무도 싫어도 좋아도 하지 않는 아이를 고립아동이라고 한다.

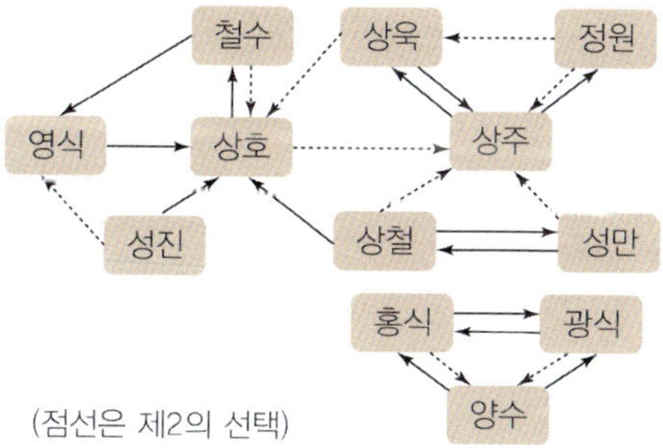

그림 9-1 소시오그램의 예

7) 면담법

면담법은 얼굴을 보며 대화를 통해 목적하는 정보를 수집하여 평가하는 방법이다. 면담진행 절차에 따라 구조화된 면담법과 비구조화된 면담법 그리고 반구조화된 면담법으로 나뉠 수 있다. 먼저 구조화된 면담법이란 사전에 치밀한 계획을 세워서 면담을 진행시키는 방법을 말한다. 이 계획에는 면담상의 일반적인 주의사항, 질문내용, 구조화된 조사표, 질문의 순서, 질문의 방법 등이 요구된다. 구조화된 면담법에서는 정보를 비교할 수 있고 신뢰도가 높으며 미숙한 면담자도 실시할 수 있을 뿐 아니라, 질문어구나 언어구성에서 오는 오류를 방지할 수도 있다.

반면 구조화되지 않은 면담법이란 면담 목적만 명백히 하고 면담자에게 면담방법을 일임하는 방법을 말한다. 필요한 정보를 알아내기 위해 질문의 구성이나 순서, 방법 등을 면담자가 다 알아서 하기 때문에 면담 상황에 따라 융통성있게 진행시킬 수 있다. 그러나 면담을 위한 고도의 기술이 필요하며 면담의 표준화를 할 수 없다는 문제점을 지니고 있다.

반구조화된 면담법이란 사전에 치밀한 계획은 세우되 면담할 때는 면담자가 융통성있게 진행시키는 방법을 말한다. 면담진행에 있어 사전계획의 영향을 많이 받기 때문에 구조화되지 않은 면담법에 비해 융통성은 훨씬

덜하다고 볼 수 있다. 반구조화된 면담법은 구조화된 면담법과 비구조화된 면담법의 장단점을 절충한 것으로서 실제로 가장 많이 사용되고 있다.

8) 투사법

정의적 영역을 평가하는 방법 중 투사법이 있다. 이 방법은 실제 학생들의 학업성취도를 평가하기 위한 방법이라기보다는 심리정서적 상태를 평가하기 위한 방법이라고 할 수 있다. 대표적인 평가 도구로는 문장완성검사(SCT), HTP그림검사, 주제통각검사(TAT), 로샤검사 등이 있다. 이러한 평가방법은 주로 학교상담 장면에서 이루어지기 때문에 여기서는 간단히 개념만을 제시하고자 한다.

문장완성검사는 자신과 가족, 학교생활, 남성과 여성 등을 주제로 미완성의 문장을 제시하면 그에 대해 떠오르는 대로 자유롭게 문장을 완성하는 것이다. 이를 통해 평가자는 피검사자의 심리정서적 상태를 평가할 수 있게 된다.

HTP그림검사는 집, 나무, 사람그리기를 통해서 자신의 심리정서적 상태를 그대로 표출하는 것이다. 이 검사를 통해 자아상태와 대인관계 등을 평가할 수 있게 된다.

주제통각검사(TAT)는 애매모호한 장면을 담은 여러 장의 그림카드를 제시하고, 이에 대해 자신의 생각과 느낌을 그대로 반응함으로써 심리정서적인 상태를 평가할 수 있게 하는 도구이다. 료사검사 또한 잉크로 그려진 다양한 형태의 잉크반점 카드를 제시하고, 이에 대해 자신의 생각과 느낌을 표현하고, 이에 대해 심리정서적인 상태를 평가하는 도구이다.

이러한 투사법을 활용하면 인간의 내재적 특성을 모두 표출할 수 있으며, 의도적 반응이나 저항이 덜하다는 장점이 있으나, 이를 활용하기 위해서는 전문적인 지식 습득과 훈련이 필요함을 유의해야 한다.

3 정의적 영역 평가의 의의

정의적 행동에 대한 평가의 가치와 의미는 다음과 같은 점에서 나타날 수가 있다. 첫째, 인간의 발달은 지적 발달에만 의존하는 것이 아니라, 오히려 지적 성취를 통제하고 통합할 수 있는 인간의 정의적 특성에 좌우된다고 할 때, 정의적 행동에 대한 평가가 더 중시된다. 둘째, 학교교육이 전인적 발달을 지향하고 있다는 점에서, 전인적 발달을 구성하고 있는 정의적 행동 요소는 매우 중요한 역할을 하고 있다. 원만한 전인적 발달이란 학문적 기술이나 지식만으로는 성취될 수 없고, 태도와 흥미, 가치관 등과 같은 정의적 특성의 성장, 발달, 형성을 통해서 가능하기 때문에 이에 대한 평가는 매우 중요하다. 셋째, 학습과정에서 정의적 특성은 학습의 촉진제 역할을 수행하고 있기 때문에 개인의 정의적 특성이 학업성취를 결정짓는 중요한 요소가 된다. 넷째, 정의적 요소들에 대한 행동적 평가를 통해 학생들의 바람직한 행동발달을 촉진할 수 있다(김진규, 1987).

연습문제

[선택형]

01 다음 중 정의적 행동 특성을 측정하는데 가장 적합한 질문은?

① 당신의 고향은 어디입니까?
② 한국전쟁이 일어난 배경은 무엇입니까?
③ 진로를 결정할 때 가장 중요하게 생각하는 것은 무엇입니까?
④ 물질을 구성하는 최소 단위를 무엇이라고 합니까?
⑤ 조선왕조의 8대 임금은 누구입니까?

02 다음 중 설명이 옳은 것은?

① 구조화 면담법을 적용할 때에는 면담내용과 면담순서 등을 사전에 구조화해야 한다.
② 참여관찰법은 비참여관찰법에 비해 자료를 심층적으로 수집할 수 없다.
③ 비참여관찰법은 참여관찰법에 비해 객관성 확보가 덜하다.
④ 교우관계를 평가하고자 할 때는 사회성측정법이 가장 효과적이다.
⑤ 투사법은 의도적인 반응을 하기가 쉽다.

03 다음 중 투사검사가 아닌 것은?

① 문장완성검사(SCT) ② HTP그림검사 ③ 주제통각검사(TAT)
④ 로샤검사 ⑤ 사회적 거리 추정법

[단답형]

04 ~ 05 ( ) 안에 들어 가야할 말은?

(4)은 한 집단의 사회적 구조를 기호화된 그림으로 나타내어 사회적 관계를 전체적으로 파악할 수 있는 평가방법으로 사회성측정법의 한 유형이다.
(5)은 사물, 인간, 사건 등에 대한 의미를 공간 속에서 측정하는 방법이다. 개념의 의미를 양극의 뜻을 갖는 대비되는 형용사군으로 만들어서 의미를 측정하는 방법이며, 일반적으로 태도, 지각, 가치관을 측정할 때 많이 사용한다. 이것은 평가요인, 능력요인, 활동요인 차원에서 분석이 이뤄진다.

[서술형]

06 정의적 영역의 행동을 평가할 때 유의해야 할 사항을 쓰시오(4가지 이상).

정답

01 ③

02 ①

03 ⑤

04 소시오그램

05 의미분석법

06 정의적 영역의 행동을 평가할 때 유의해야 할 사항은 다음과 같다.

첫째, 정의적 행동 특성 중 평가하고자 하는 것을 명확히 하는 것이 좋다. 정의적 행동 특성은 내재적 행동이나 비가시적인 심리 기제가 작용할 가능성이 크기 때문이다. 어떤 특성을 측정할 때 그 정의적 행동 특성과 관련된 다른 특성들이 영향을 미칠 수 있기 때문이다.

둘째, 대상에 대한 평가 방식에 따라 개별평가를 할 것인가 집단평가를 할 것인가를 고려해야 한다. 대상자의 성격, 환경, 평가 주제에 따라 적합한 방법을 선택할 수 있다.

셋째, 반응의 경향성으로서 중립화와 허위반응성 등을 고려해야 한다. 중립화는 어떤 태도나 가치관에 관한 질문에 중립적인 반응을 취하는 것을 의미한다. 허위반응은 평가목적을 인지하고 의도적으로 좋은 혹은 나쁜 결과가 나오도록 반응하는 것이다.

넷째, 정의적 행동 특성을 평가하기 위한 다양한 방법을 활용하는 것이 좋다. 정의적 행동이 무엇이냐에 따라서 그것을 평가할 수 있는 적절한 방법을 선택하는 것이 효과적이다.

다섯째, 인지적 영역에 대한 평가에 비해 정답이 정해지는 경우는 많지 않기 때문에 평가자료를 바탕으로 최종적인 평가를 할 때는 신중한 자료분석이 필요하다. 필요에 따라서는 재평가도 실시할 필요가 있다.

교육평가내용과 목적에 따라 교육평가의 방법은 다양하다. 21세기가 필요로 하는 인재는 여러 분야의 정보를 융합하여 다양한 문제에 유연한 사고로 대처할 수 있는 능력을 갖는 창의적 인재 양성이다. 이러한 요구에 따라 교육평가에도 많은 변화가 요구된다. 정보와 지식을 바탕으로 새로운 문제를 풀어나갈 수 있는 핵심역량이 미래사회에 필요한 능력으로 강조되면서 창의성과 문제해결력을 평가할 수 있는 방안에 대한 연구들이 수행되어 왔다. 10장에서 논의하고자 하는 지필평가와 수행평가는 평가방식에 따른 분류이다(한민석, 2018). 시대의 변화에 따라 수동적 방식의 지필평가 대신 수행중심의 평가가 강조되고 있다. 이 장에서는 전통적 평가방법으로서 지필평가, 대안적 평가방법으로 수행평가에 대해 알아보기로 한다.

CHAPTER 10

지필평가와 수행평가

1 지필평가

인지적 행동 특성에 대한 평가의 목적은 가르치고 배운 내용을 어느 정도 알고 있는지를 평가하는 것이다. 인지적 특성을 평가하는 최초의 평가방법은 대화였으나 평가대상의 증가에 따른 시간적 제한 때문에 대화는 보다 구조화된 형태의 구술시험으로 대치된다. 대화나 구술시험에 의한 평가결과는 기록으로 남길 수 없는 취약점 때문에 종이가 발명되면서 논술형 지필평가가 개발되었다. 논술형 문항에 의한 지적능력평가는 채점의 신뢰도문제를 근본적으로 지니고 있어 경쟁이 심한 산업사회에서는 채점의 객관성을 높일 수 있도록 구조화된 형태의 문항을 사용하게 되었다.

1) 지필평가의 개념

사전적인 개념으로 지필평가(紙筆評價)는 연필이나 펜으로 종이에 답을 쓰는 형식의 평가를 말한다.

「학교생활기록 작성 및 관리지침」(교육부 훈령 제280호, 2019.1.18.)에 의하여 이 지침에서 사용하는 지필평가와 수행평가의 용어 정의는 다음과 같다.

① 지필평가는 학생이 자신의 지식 및 기능에 대한 습득 여부를 나타내기 위해 종이와 필기도구를 이용하여 주어진 문항에 응답하는 방식의 평가로 선택형(진위형, 배합형, 선다형)과 서답형(완성형, 단답형, 서술형, 논술형) 문항으로 출제된 것이다.

② 수행평가란 교과 담당교사가 학습자들의 학습과제 수행과정 및 결과를 직접 관찰하고, 그 관찰 결과를 전문적으로 판단하는 평가방법이다.

2) 지필평가의 문항 유형

지필평가의 문항유형은 답을 쓰는 형식과 채점의 객관성에 따라 분류한다. 지필평가에 사용하는 형식은 반응형식을 기준으로 선택형 문항과 서답형 문항으로 구분되며, 채점의 객관성을 기준으로 객관식 문항과 주관식 문항으로 분류한다. 선택형 문항은 그 형식에 따라 진위형, 선다형, 연결형, 단계형으로 나뉘고 서답형 문항은 단답형, 배열형, 완성형, 서술형, 논술형으로 분류된다. 또한 진위형, 선다형, 연결형, 단답형, 문항같이 흔히 채점에 채점자의 주관이 전혀 개입되지 않는 문항을 객관식 문항이라 하며, 상중하형, 배열형, 완성형, 서술형, 논술형 문항을 채점자의 주관이 채점 결과에 작용할 수 있는 문항이라 하여 주관식 문항으로 분류하는 경향이 있다. 여기에서는 선택형 문항과 서답형 문항 중심으로 알아보기로 한다.

(1) 선택형 문항

선택형 문항은 지시문이나 의문문에 대하여 응답하는 형태가 옳고 그름을 가리는 진위형과 여러 개의 선택지 또는 항목을 제시해 놓고 그중에서 적합한 답을 선택하는 선다형 그리고 불완전한 내용을 서로 연결하는 결합형의 문항 형식으로 객관적이고 신속한 채점이 가능한 장점을 지니고 있다.

① 진위형

진위형 문항은 제시된 진술문에 평가받는 사람이 맞는지 틀리는지 또는 옳은지 그른지를 응답하는 문항 형태이며, 일반적으로 지적 능력 수준이 낮은 경우에 활용된다.

② 선다형

선다형 문항은 지시문과 몇 개의 선택 항목을 같이 제시하여 놓고 수험자로 하여금 정답지를 고르도록 하는 경우에 활용된다. 학교현장에서는 주로 4지 선다형 또는 5지 선다형이 사용되고 있다.

선다형 문항 제작 원리는 다음과 같다.

- 출제자의 출제 의도가 학생에게 정확히 전달되어야 한다. 즉, 질문이 무엇을 묻는지가 명확해야 한다.
- 지식과 함께 사고력(이해, 적용, 분석 등)도 측정해야 한다.
- 답지 중 정답은 분명하고 오답은 그럴듯하게 만들어야 한다.
- 용어의 정의나 개념을 묻는 질문에서 용어를 질문하고 답지에 용어의 정의나 개념을 나열한다.
- 정답에 대한 단서를 주지 말아야 한다.
- 문항의 답지들의 내용이 상호 독립적이어야 한다.

③ 연결형

연결형 문항은 일련의 용어, 명칭, 구, 개념, 정의 또는 불완전 문장으로 구성된 질문과 이에 대해 내용 또는 항목으로 이루어져 서로 관계되는 것을 찾아 연결하도록 하는 문항 형식이다.

④ 단계형

단계형 문항은 응답의 정도를 알아보는 문항으로 '잘함, 보통, 노력요함' 또는 '만족, 불만', '상, 중, 하' 식으로 정답을 요구하는 문항이 아니라 응답자의 심적 상태를 파악하고자 하는 문항이다.

(2) 서답형

서답형 문항은 어떤 형태로든 정답이 제시되고 그중에서 정답을 판단하게 하는 선택형 문항과는 달리 반응하는 학생이 직접 정답을 쓰게 하는 문항 형식이다. 서답형에는 단답형, 배열형, 완성형, 서술형, 논술형 등의 유형이 있다.

서술형과 논술형은 학생이 답이라고 생각하는 지식이나 의견 등을 직접 '서술'하도록 하는 문항 형태라는 점에서는 같으나, 논술형이 서술형 평가이기는 하나, 개인 나름의 생각이나 주장을 창의적이고 논리적이면서도 설득력 있게 조직하여 작성해야 함을 강조한다는 점에서 일반 서술형 문항과 구별하기도 한다.

2 전통적 평가와 대안평가

1) 전통적 평가의 비판

전통적 평가방법이란 표준화검사 또는 선다형 중심의 지필검사를 통하여 아동의 성취 수준, 능력, 잠재력 등에 대한 자료를 수집하는 것을 말한다.

학생평가의 목적은 학생들이 학습내용을 어떤 과정을 거쳐 습득하고 있으며, 그 과정에서 어떤 성장과 변화가 있었는가를 알아보는 것이다. 그러나 지식의 단편적인 암기를 지식 형성으로 오인하고 있는 암기력 위주의 평가는 학생들로 하여금 그들의 인지구조와는 상호 연관 없는 지식을 외워야 할 사실로 기억했다가 그대로 재생해내는 일을 강조하고 있다.

전통적으로 학교 학습상황에서 이루어지고 있는 학생평가의 목적은 시험을 쳐서 학생들에게 성적을 부여하기 위함이었다고 할 수 있지만, 지필검사로 학생들의 학업성취도를 평가하는 일은 교실 내 평가의 한 기능에 불과하게 되었다. 이제 학생평가란 더 이상 단순하게 시험을 치러 점수 매기기로 성적을 기록하는 일에 그치는 것이 아니다.

학교에서 이루어지는 학생평가에 대해 보다 본질적인 접근을 시도할 필요가 있다(장상호, 2009).

선발을 위한 평가, 단편적 지식의 평가, 경쟁중심의 평가, 표준화된 평가 등 우리나라의 평가관과 관련된 다양한 문제점은 대부분 선발경쟁, 즉 대학입시를 준비하기 위해 나타나는 변형적 교육현상들이다. 학습에 대한 학생의 이해와 성장이라는 학생평가의 본질적인 기능 및 목표를 추구하기 위해서는 학생평가가 대학입시와 어떠한 관계적 위치를 설정해야 하는지를 분명히 해야 할 것이며, 우리 사회가 학생평가에 대해 지니고 있는 신화적 믿음과 가치에 대해 비판적으로 검토해 학생평가의 개선을 학생의 성장을 위한 평가, 통합적 역량의 평가, 배움 중심의 평가 그리고 교사 전문성에 기초한 평가의 방향으로 모색해 나가야 할 것이다(김신영, 2018: 49-59).

2) 대안평가의 인지심리학적 근거

전통적인 학습자관은 "개별 학습자는 교사가 제시하는 객관적인 지식이나 정보를 수동적으로 받아들이거나 단순히 재생산하는 존재"로 간주하였으며, 전통적인 학습관은 "학습이란 직선적이고 연속적인 것이며, 복잡한 것을 이해하기 위해서는 이전 단계의 요소들을 미리 습득해야 하고, 각각의 요소들은 독립적으로 규정되어 학습할 수 있는 것"으로 간주하고 있다. 그러나 인지 심리적 학습자관에서는 객관적인 외부환경으로부터 지식이나 정보를 수동적으로 받아들이는 것이 아니라 학습자 개인의 경험에 의해 주관적으로 구성된다는 가정을 하고 있다. 즉, 인지심리학의 학습자관에서는 외부 세계나 지식이 개인과 별개로 존재하는 것이 아니라 개개인에 의해 창조되고, 구성되고, 재조직된다는 것이다. 그러므로 인지심리학 입장에서 학습자는 능동적으로 자신의 경험을 재구성하고, 자신에게 의미 있는 지식이나 정보를 적극적으로 학습하게 된다(Eylon & Linn, 1988; 박도순 외, 2011에서 재인용).

자연주의적 인간관이 인간의 본성만 강조하고, 환경결정론적 인간관이 인간을 둘러싼 환경만을 강조하는 데 반해, 인간과 환경이 상호작용함으로써 자기주도적으로 구성해 나간다고 가정하는 인지발달론적 인간관은 심리학 이론으로는 피아제(Piaget)에 의해 대표된다.

피아제는 동화와 조절이라는 소화작용의 메커니즘과 같이 유기체와 환경이 상호작용함으로써 인지구조(schema)가 평형과 불평형의 변증법적 발달과정을 거치면서 확장되는 것을 인지발달(cognitive development)이라 명명한다. 이러한 인지발달은 감각운동기 → 전조작기 → 구체적 조작기 → 형식적 조작기와 같은 단계적인 수준 차이를 보이게 된다. 따라서 인지발달의 단계적 과정은 절대로 퇴행이 있을 수 없다고 주장한다. 이러한 피아제의 인지발달 이론을 일컬어 합리적 구성주의라 한다.

한편 이와는 달리 비고츠키(Vygotsky)의 이론에서는 개인의 인지적 특성은 개인을 둘러싸고 있는 환경의 영향권을 벗어날 수 없음을 역설한다. 개인이 어떠한 환경과 공간 및 지역적 여건에서 성장하느냐에 따라 발달 특성과 수준이 달라질 수 있음을 강조한다. 따라서 한 개인의 발달 특성에 영향을 미치는 요인은 개인의 지적 수준과 그에 영향을 미치는 교사와 동료들이라고 주장한다.

이러한 그의 이론은 특히 학생의 수준에 따라 학습 전략이 적용될 수 있는 전문가와 동료의 역할이 매우 중요하며, 교사의 적극적 지도에 따라 능동적으로 교육에 참여하게 된다는 것이다. 즉, 인간은 사회적 · 역사적 경험을 축적하기 때문에 능동적 학습으로 지적인 발달을 이룰 수 있다고 주장한다. 이를 일컬어 사회적 구성주의라 한다.

구성주의 패러다임에 의하면 교육은 한 개인이 얼마나 실제적인 상황 속에서 자신의 지적 체험을 통해 자기주도적으로 구성해나가는가 그리고 훌륭한 교사가 얼마나 적극적으로 지원해 주며 동료와 협력하여 학습해가는가 하는 것으로, 예를 들어 학생의 적극적 참여와 교사 또는 동료들과의 상호작용 문제라 할 수 있다. 그리고 단지 무엇을 아는 것보다는 무엇을 할 수 있느냐 하는 수행력과 개인이 자신의 지적 발달을 어떻게 독창적으로 이루어내느냐 하는 개개인의 창의적이며 인지적인 구성능력을 중시한다. 이러한 시각에서 개개인에 대한 면밀한 관찰을 통해 전문가 판단에 의한 직접평가를 강조하는 관점이 수행평가(performance assessment)이다(성태제, 2019).

3) 대안평가로서의 수행평가

허먼(Herman), 애쉬바쳐(Aschbacher)와 윈터스(Winters, 1992)는 선택형 문항에 의한 평가방법을 전통적인 평가방법이라 하고, 이에 대응되는 평가방법을 대안적 평가방법이라 하였다. 두 평가방법을 표 10-1과 같이 비교하였다.

표 10-1 전통적 평가방법과 대안적 평가방법

구분 / 내용	전통적 방법	대안적 방법
학습관	학습결과에 관심	학습과정과 결과에 관심
학습자관	수동적 관점 분리된 지식과 기술을 평가	능동적 관점 / 통합된 지식과 기술을 평가 / 메타인지적 관점
평가형태	지필검사	수행평가 / 참평가 / 포트폴리오
평가실시	일회적 평가	지속적 평가
평가내용	단일 속성	다원적 속성(여러 측면)
평가대상	개인평가 강조	집단평가 강조(협동)

선택형 문항 위주의 전통적 평가방법은 문제풀이과정을 분석하지 못하고 성취에만 관심이 있으며, 지필검사에 의존한다는 특징이 있다. 반면 대안적 평가방법은 학습결과뿐 아니라 학습자의 학습과정도 평가할 수 있다. 또한 대안적 평가는 학습자가 자신의 학습과정이나 문제풀이과정을 스스로 검토하고 평가할 수 있다는 메타인지적 관점에서 학습자를 보며, 평가의 유형으로 수행평가, 참평가, 포트폴리오 등을 들고 있다. 전통적 평가방법은 단일 속성을 평가하는 반면, 대안적 평가방법은 문제를 풀어가는 과정 중에 필요한 모든 능력을 평가하는 특징이 있기 때문에, 다양한 정보를 다루는 복합적인 능력과 기술을 요구하므로 공동과제의 형태로 제공될 수 있다. 이러한 경우는 개인평가보다는 공동으로 문제해결에 참여하는 집단평가를 강조한다.

지적 능력을 평가하는 최초의 방법은 대화나 구술이었고 과학교과인 경우는 실험 · 실습이 주된 평가방법이었다. 그러나 평가의 편리성과 객관성이 강조되면서 평가방법은 선택형 위주의 지필검사를 실시하게 되었다. 즉, 선택형 위주의 지필검사에 의한 평가방법은 대화나 구술 그리고 실험 · 실습에 이한 평가방법의 대안이었다. 선택형 위주의 평가방법이 지난 수 십년 동안 인지적 능력을 평가하는 방법으로 주로 사용되었으나, 다시 수행평가, 포트폴리오 등의 대안적 평가방법이 대두되어 왔다(성태제, 2019). 성태제(1995)는 고등정신능력 신장을 위한 교육평가 방안의 탐색으로 수행평가, 참평가, 포트폴리오를 제안하였다.

3 수행평가의 이해

1) 수행평가의 등장배경과 필요성

우리나라의 학교교육에서 적용해 온 객관식 선택형 평가 방식은 학생평가의 객관성과 공정성, 신뢰성, 투명성을 보장할 수 있었다. 객관주의 인식론에 입각한 교육과 평가방법은 산업화시대에 보다 적합하였다. 21세기 지식정보화, 무한경쟁시대, 4차 산업혁명 등 새로운 시대에 적합한 교육과 평가 방식의 모색이 필요하다.

수행평가는 미국의 경우, 표준화검사의 폐해와 교육성과에 대한 상대적 비교 등에 대한 회의 그리고 학교교육의 내실화를 위해 1980년대 초반 교육개혁을 위한 하나의 대안으로 강조되었다.

우리나라에서는 1990년대 중반부터 수행평가에 대한 연구가 활발하게 이루어져 제7차 교육과정이 시행된 1999년부터 전국적으로 실시되었다. 특히 학교교육에서 정책적으로 도입되어 수행평가가 시행된 법적 근거는 1999년 4월 29일 공포 훈령 제587호(학교생활기록부 전산처리 및 관리 지침)에 의한 것으로 그 지침내용은 다음과 같다.

훈령 제587호 중 수행평가 관련 지침에 의하면 수행평가는 평가자가 학습자들의 학습과제 수행과정 및 결과를 직접 관찰하고, 그 관찰 결과를 전문적으로 판단하는 방법, 즉 선택형 지필평가 이외의 다른 모든 평가방법이라고 할 수 있다.

수행평가 정책 시행 초기부터 최근까지 이루어진 수행평가의 정책적 변화는 표 10-2와 같다(김성훈 외, 2018).

표 10-2 수행평가의 정책 변화

<table>
<tr><th colspan="3">수행평가 정책의 변화</th><th>수행평가 개념에 대한 이해</th></tr>
<tr><td>정책 시행 초기 (1998년 10월)</td><td>교육비전 2002: 새 학교 문화 창조</td><td></td><td>불분명, 이상적 개념으로 이해</td></tr>
<tr><td rowspan="2">정책 시행 후 홍보 노력과 정책</td><td>훈령 제587호 (1999년 4월 29일)</td><td>교육부 훈령 587호로 공포한 '학교생활기록부 전산처리 및 관리 지침'에서 위 책자 내용 반영</td><td rowspan="2">정책 시행 후 수행평가 개념 다소 변화: 신축성, 융통성있는 개념으로 변화</td></tr>
<tr><td>훈령 616호 (2001)</td><td>수행평가의 개념, 용어 설명, 평가방법의 예, 학업성적 결과 처리 방법 등을 상세하게 제시</td></tr>
<tr><td>2008년</td><td>훈령 제719호</td><td>수행평가방법의 예 및 학업성적 결과 처리방법 등을 삭제</td><td>수행평가를 객관식 선다형 지필평가를 제외한 기타 평가방법으로 인식</td></tr>
<tr><td>2016년 4월 5일</td><td>훈령 제169호</td><td>자유학기제 및 국가직무능력표준(NCS)을 이수할 경우 그 결과를 작성할 수 있는 학생부 기재란 신설
- 초·중학교의 수행평가 전면실시 가능 근거 마련</td><td>과정중심평가 강조</td></tr>
</table>

최근의 '평가 패러다임'은 평가를 교수-학습과 분리하기보다는 교수-학습의 한 과정으로 보는 방향으로 변화하고 있다. 4차 산업혁명시대는 예전과 다른 교육과 평가를 우리에게 요구하고 있다. 학생의 성장을 도울 수 있는 진정한 의미의 수행평가를 위해 과정을 중시하는 과정중심 수행평가의 방향으로 나아가고 있다. 과정중심평가를 잘 구현해낼 수 있는 것이 바로 '수행평가'이다. '수행(performance)'은 구체적인 상황 하에서 실제로 행동 또는 활동을 하는 과정(process)이나 그 결과(product)를 의미한다. 수행평가는 학생이 가지고 있는 지식, 기능, 태도 등의 능력을 직접 수행으로 나타내보이는 방식의 평가를 의미하는 것으로, 교수-학습의 결과뿐만 아니라 과정을 중시한다(김성훈 외, 2018).

2) 수행평가의 개념

수행평가의 개념은 학자들마다 다양하다. 백순근(1998)은 수행평가를 학생 스스로가 자신의 지식이나 기능을 나타낼 수 있도록 답을 구성하거나, 발표하거나, 산출물을 만들거나, 나타내도록 요구하는 평가 방식이라 정의하고, 선택형 검사나 단답형 검사에 대비되는 개념으로 파악하고 있다. 성태제(1999)는 수행평가란 선택형 이외의, 아니면 단답형 이외의 평가형태라기보다는 알고 있는 지식이나 기능을 어떻게 행하는지 혹은 어떻게 행할 것인지를 평가하는 방법이라고 그 특징을 부각시켜 제시하고 있다.

교육인적자원부의 「초 · 중 · 고 학생생활기록부 전산처리 및 관리지침 전문 및 해설」(훈령 제616호, 2001)에서는 수행평가를 "평가자가 학생들의 학습과제 수행과정 및 결과를 직접 관찰하고 그 관찰 결과를 전문적으로 판단하는 평가방법, 즉, 선택형 지필평가 이외의 다른 모든 평가방법"이라고 정의하고 있다.

수행(performance)은 구체적인 상황 하에서 실제로 행동을 하는 과정(process)이나 그 결과(product)를 의미하는 것으로, 수행평가는 학생이 가지고 있는 지식, 기능, 태도 등의 능력을 직접 수행으로 나타내는 방식의 평가를 의미한다. 즉, 지식 및 기능에 대한 습득 여부를 나타내기 위해 학생이 만든 산출물이나 실제 수행을 통해 학생의 학습을 평가하는 것으로, 교수-학습의 결과뿐만 아니라 교수-학습의 과정을 중시하는 평가이다. 또한 수행평가를 원래 의도하는 바대로 시행하면 그것으로도 충분히 과정중심평가의 방향성을 담을 수 있다. 그러나 기존의 수행평가는 결과만을 강조하여 학생의 전인적 성장과 발달을 촉진하는 데에는 한계가 있었다. 따라서 수행평가는 기존의 지식 암기 중심의 평가를 개선하고자 하는 의미가 있으며, 대안적 평가, 실제적 평가, 직접 평가, 과정 평가 등이 가지는 특성들을 모두 포괄하는 의미로 사용하고 있다.

3) 수행평가의 특징

수행평가의 특징으로는 과정과 결과를 함께 평가, 성장 과정에 대한 지속적인 평가, 의사소통 · 협업 등의 능력 강화, 실제 상황과 유사한 맥락에서의 평가, 능동적 학습활동 유도, 정의적 특성 평가를 통한 전인교육의 추구이다.

① 수행평가는 학습의 결과뿐만 아니라 과정도 중시하는 평가 방식이다. 학생 개개인의 변화와 발달과정을 평가하기에 학습상황에서 지속적으로 관찰하고 면담을 통한 누가적인 기록 형태의 다양한 평가방법을 활용한다.

② 수행평가는 개방형의 과제에 대하여 학생들이 반응을 구성하거나 활동을 수행한다. 개방형과제를 통하여 학습자의 인지구조의 변화, 이해수준, 학습과정을 평가하고 학습자의 창의성, 문제해결력, 비판력, 판단력, 정보수집 및 분석력, 통합적 사고력 등과 같은 고등정신능력을 평가한다.

③ 수행평가는 능동적 학습활동을 유도한다. 학생이 문제의 정답을 글로 직접 작성하게 하거나 말이나 행동으로 수행하게 하여 학생의 인지구조나 문제해결과정을 파악한다.

④ 수행평가는 실제상황과 유사한 맥락에서 진행되기도 한다. 학교 밖의 실제 생활에서 각 개인은 다른 사람과 함께 일하고 무엇인가를 생산해낸다.

⑤ 수행평가는 의사소통 · 협업 등의 능력을 강화하도록 한다. 학생 개인뿐만 아니라 집단에 대한 평가를 위해 설계되기도 한다. 하나의 연구과제에 공동으로 협력하여 문제를 해결하는 능력을 평가하기도 한다.

⑥ 수행평가는 창의성이나 문제해결력 등 고등사고능력을 포함하는 인지적인 영역뿐만 아니라 개인의 행동발달상황, 흥미, 태도의 정의적인

영역, 신체적인 측면까지 포함하는 종합적이고 전인적인 평가를 중시한다.

4) 수행평가의 방법

수행평가 유형으로는 논술, 구술, 토의 · 토론, 프로젝트, 실험 · 실습, 포트폴리오, 관찰, 자기평가 · 동료평가 등이 있다. 수행평가 유형에 대한 구분은 상호 배타적이라기보다는 상호 보완적이다. 또한 수행평가 유형은 성취기준의 도달 여부를 타당하게 평가할 수 있는지, 창의성이나 문제해결력 등과 같은 고등사고기능을 평가할 수 있는지를 고려하여 선택한다.

과정중심평가는 수업 중에 학생의 수행과정을 평가하는 것을 강조하며, 수행평가 또한 실제 상황과 유사한 맥락에서 학생의 수행결과뿐 아니라 과정을 평가하는 것을 강조한다. 따라서 수행평가를 의도하는 바대로 시행하는 것만으로도 충분히 과정중심평가의 방향성을 담을 수 있다. 과정을 중시하는 수행평가는 학기 초에 교수-학습과 평가를 함께 계획하는 것이 중요하다. 그리고 교수-학습과 연계하여 수행평가를 실시하여 수시로 피드백이 이루어져야 하며, 학생의 성장과정은 누가 기록하여 학기말 평정에 활용하도록 해야 한다.

수행평가의 방법에 대해 좀 더 살펴보면 다음과 같다.

① 서술형 및 논술형 검사: 주관식 검사라고 한다. 문제의 답을 선택하는 것이 아니라 학생들이 직접 서술하는 검사이다. 질문의 형태에 있어서 최근에는 창의성 등 고등사고기능을 묻는 것이 대부분이다. 논술형 검사도 일종의 서술형 검사이기는 하지만 개인 나름의 생각이나 주장을 창의적이고 논리적이면서도 설득력 있게 조직하여 작성해야 함을 강조한다는 점에서 일반 서술형과 구별하기도 한다.

② 구술시험: 학생으로 하여금 특정 교육내용이나 주제에 대하여 자신의

의견이나 생각을 발표하도록 하여 학생의 준비도, 이해력, 표현력, 판단력, 의사소통능력 등을 직접 평가하는 방법이다.

③ 토론: 교수–학습활동과 평가활동을 통합하는 대표적인 방법으로 특정 주제에 대해 학생들이 서로 토론하는 것을 보고 평가하는 것이다.

④ 실기시험: 종래의 실기시험에서는 평가가 통제되거나 강요되는 상황이라면 수행평가에서는 가능한 교수–학습활동과 평가활동을 분리하지 않고 자연스러운 상황에서 실제로 하는 것을 여러번 관찰하여 실제 수행능력을 평가하는 방법이다. 자연스러운 상황 하에서의 실기시험은 음악, 미술, 체육, 실과 분야에서 많이 이용되는 방법이나 요즈음은 읽기, 듣기, 쓰기, 말하기 등 언어 분야에서도 많이 활동되고 있다.

⑤ 실험 · 실습: 자연과학 분야에서 많이 사용하는 것으로 어떤 과제에 대해서 학생들로 하여금 직접 실험 · 실습을 하게 한 후 결과 보고서를 제출하게 하는 방법이다. 이때 개인 단위로 실험 · 실습을 하게 할 수도 있고, 팀을 구성하여 공동 작업을 하게 할 수도 있다. 교사는 학생들의 실험 · 실습과정을 직접 관찰함과 아울러 제출된 결과 보고서를 동시에 고려하여 평가하게 된다. 실험 · 실습을 위한 기자재의 조작적인 능력뿐만 아니라, 지식을 적용하는 능력이나 문제해결과정을 포괄적이면서도 종합적으로 평가할 수 있다.

⑥ 면접: 평가자와 학생이 서로 대화를 통해서 얻고자 하는 자료나 정보를 수집하여 평가하는 방법이다. 즉, 교사가 학생과 직접 대면하여 평가자가 질문하고 학생이 대답하는 과정을 통해 지필시험이나 서류만으로는 알 수 없는 사항들을 알아보고 그것을 평가하는 방법이다. 구술시험은 주로 인지적인 영역을 중심으로 학업성취도를 평가하기 위한 방법이라고 한다면, 면접법은 주로 정의적인 영역이나 신체적인 영역에 대한 것을 평가하기 위한 방법이다.

⑦ 관찰: 학생을 이해하고 평가하기 위한 가장 보편적인 방법 중의 하나

이다. 객관적이고 정확한 관찰을 위해서는 일화기록, 체크리스트, 평정척도, 비디오 분석 등을 활용한다.

⑧ 자기평가 및 동료평가 보고서: 자기평가(self-assesment)는 특정 주제나 교수-학습 영역에 대하여 자기 스스로 학습과정이나 학습결과에 대한 자세한 평가 보고서를 작성·제출하도록 하여 평가하는 방법이다. 이와 유사하게 동료학생들이 상대방을 서로 평가하도록 하는 동료평가(peer-assesment) 보고서법을 이용하여 학생들을 평가할 수도 있다.

⑨ 연구보고서: 각 교과별로 여러 가지 연구 주제 중에서 학생의 능력이나 흥미에 적합한 주제를 선택하되, 그 주제에 대해서 자기 나름대로 자료를 수집하고 분석·종합하여 연구보고서를 작성·제출하도록 하여 평가하는 방법이다. 이는 프로젝트(project)법이라고도 하며, 학생들은 연구를 수행하고 보고서를 작성하는 과정에서 연구하는 방법, 각종 정보를 수집하는 방법, 다양한 자료를 종합하고 분석하는 방법, 보고서 작성법 등을 익히게 될 것이다.

⑩ 포트폴리오: 자신이 쓰거나 만든 작품을 지속적이면서도 체계적으로 모아 둔 개인별 작품집 혹은 서류철을 이용한 평가방법이다. 학생들은 자신이 제작한 포트폴리오를 통해 자기 자신의 변화과정을 알 수 있고, 자신의 강점이나 약점, 성실성 여부, 잠재 가능성 등을 스스로 인식할 수 있으며, 교사는 학생들의 과거와 현재의 상태를 쉽게 파악할 수 있을 뿐만 아니라 앞으로의 발전방향에 대한 조언을 쉽게 할 수 있다.

5) 수행평가도구 개발 절차

수행평가도구를 개발하고 시행하여 결과를 활용하는 일련의 평가절차는 다음과 같다(성태제, 2019).

① 수행평가 과제를 개발하고 내용타당도를 검증한다.
② 수행과제를 실시한다.
③ 수행평가의 채점기준을 개발한다.
④ 채점자 훈련을 실시한다.
⑤ 수행표본을 채점한다.
⑥ 채점자 내 신뢰도와 채점자 간 신뢰도를 검증한다.
⑦ 점수나 등급을 부여한다.
⑧ 학생과 학부모에게 통보한다.

6) 수행평가의 장 · 단점

대안적 평가로서 새로운 평가방법으로 등장한 수행평가는 많은 장점을 가지고 있다, 그러나 여러 가지 해결하기 어려운 문제점을 안고 있다. 즉, 포트폴리오와 전시물 및 실연작품을 만들고 평가하는 일은 시간이 많이 걸리고, 노동력과 비용이 많이 들며, 수업시간을 많이 할애해야 한다. 또한 측정의 신뢰도와 타당도에 문제점이 있다(정종진, 2018).

수행평가의 장점과 단점을 살펴보면 다음과 같다.

(1) 수행평가의 장점

① 인지적 특성, 정의적 특성, 심동적 특성을 모두 평가할 수 있는 총체적 접근이다.
② 개방형 형태의 평가방법은 다양한 사고능력을 함양시킨다.
③ 수행평가는 과제의 성격상 협동학습을 유도하므로 전인교육도 도모한다.
④ 검사결과뿐 아니라 문제해결과정도 분석할 수 있다.
⑤ 학습동기와 흥미를 유발한다. 맞거나 틀리는 이분법적 평가가 아니라

어떠한 답도 수용될 수 있으므로 학생들을 격려하여 학습동기와 흥미가 증진된다.

⑥ 행정적 기능이 강조되지 않을 때 수행평가가 실시되므로 검사 불안이 적은 편이다.

(2) 수행평가의 단점

① 수행평가도구 개발에 어려움이 있다. 수행평가도구를 개발하기 위해서는 교과내용은 물론 학습자들의 인지구조, 학습과제를 실생활에 적용하는 범위까지 고려해야 하므로 전통적 방법에 의한 평가문항의 개발보다 수행평가도구의 개발이 어렵다.

② 채점기준, 즉 점수 부여기준 설정이 용이하지 않다.

③ 채점자 내 신뢰도와 채점자 간 신뢰도 확보에 어려움이 있다. 전통적 평가방법보다 주관이 개입될 소지가 많은 수행평가에서 일관성 있게 점수를 부여하는 것은 쉬운 일이 아니다. 논술형 문항을 채점하더라도 채점자 한 사람이 시간의 변화에 상관없이 일관되게 채점하는 것이 쉽지 않으며, 나아가 여러 채점자가 서로 유사하게 채점하는 것 역시 쉬운 일이 아니다.

④ 시간이 많이 소요된다. 검사시행은 물론 채점에 필요한 시간이 많이 늘어난다.

⑤ 비용이 많이 든다. 수행평가의 전략과 채점방식에 따라 소요되는 시간과 필요한 교사의 수가 달라질 수 있으므로 전통적 평가방법에 비하여 많은 비용이 소요된다.

⑥ 점수결과활용에 어려움이 있다. 학생과 학부모가 평가결과를 인정하지 않을 경우 점수결과를 활용하는 데 많은 문제가 야기된다. 나아가 교사를 불신하는 일까지 일어나게 된다.

연습문제

01 다음 중 지필평가에 대한 설명으로 알맞은 것은?

① 지필평가는 학생이 얼마나 많이 알고 있는가를 평가한다.
② 지필평가는 구체적인 상황 하에서 실제로 행동을 하는 과정이나 그 결과를 평가한다.
③ 지필평가는 교수 – 학습의 결과뿐만 아니라 교수 – 학습의 과정을 중시하는 평가이다.
④ 지필평가는 지식 및 기능에 대한 습득 여부를 나타내기 위해 학생이 만든 산출물이나 실제 수행을 통해 학생의 학습을 평가한다.
⑤ 지필평가를 원래 의도하는 바대로 시행하면 그것으로도 충분히 과정중심평가의 방향성을 담을 수 있다.

02 다음 중 수행평가방식의 의미로 잘못된 것은?

① 수행은 구체적인 상황 하에서 실제로 행동을 하는 과정이나 그 결과를 의미한다.
② 수행평가는 학생이 가지고 있는 지식, 기능, 태도 등의 능력을 간접 수행으로 나타내 보이는 방식의 평가를 의미한다.
③ 지식 및 기능에 대한 습득 여부를 나타내기 위해 학생이 만든 산출물이나 실제 수행을 통해 학생의 학습을 평가한다.
④ 교수 – 학습의 결과뿐만 아니라 교수 – 학습의 과정을 중시하는 평가이다.
⑤ 수행평가를 원래 의도하는 바대로 시행하면 그것으로도 충분히 과정중심평가의 방향성을 담을 수 있다.

03 다음 중 수행평가와 관련된 것은?

① 학생들의 결과만을 평가한다.
② 성장과정에 대한 1회성을 평가하는 것이다.
③ 인지능력을 종이와 필기도구로 하는 평가이다.
④ 실제 상황과 유사한 맥락에서의 평가이다.
⑤ 통제된 상황에서 표준화된 기준으로 하는 평가이다.

04 한 채점자가 다른 채점자와 얼마나 유사하게 평가하였느냐의 문제는 채점자 간 신뢰도라 한다. 수행평가에서 한 채점자가 많은 측정대상에 대하여 계속적으로 일관성 있게 측정하였느냐의 문제를 무엇이라고 하는가?

05 아는 것(knowing)보다도 행하는 것(doing)에 초점을 두는 수행(performing) 하는 정도를 평가하는 것을 무엇이라 하는가?

06 포트폴리오평가방법과 특징에 대해 설명하시오.

07 수행평가의 특징에 대해 설명하시오.

정답

01 ①

02 ②

03 ④

04 채점자 내 신뢰도

05 수행평가

06 포트폴리오평가란 자신이 쓰거나 만든 작품을 지속적이면서도 체계적으로 모아 둔 개인별 작품집 혹은 서류철을 이용한 평가방법이다. 학생들은 자신이 제작한 포트폴리오를 통해 자기 자신의 변화과정을 알 수 있고, 자신의 강점이나 약점, 성실성 여부, 잠재 가능성 등을 스스로 인식할 수 있으며, 교사는 학생들의 과거와 현재의 상태를 쉽게 파악할 수 있을 뿐만 아니라 앞으로의 발전방향에 대한 조언을 쉽게 할 수 있다.

07 수행평가의 특징으로는 과정과 결과를 함께 평가, 성장과정에 대한 지속적인 평가, 의사소통 · 협업 등의 능력 강화, 실제 상황과 유사한 맥락에서의 평가, 능동적 학습 활동 유도, 정의적 특성 평가를 통한 전인교육의 추구이다.

딘편적인 지식의 암기위주교육과 문제풀이중심교육으로 인한 학습 흥미 저하, 과도한 학습량과 지나친 경쟁으로 인한 학습 부담 증가 등은 우리나라 학교교육의 주된 문제점으로 지적되어 왔다. 이에 2015 개정교육과정은 실질적인 학습 경험의 질을 개선할 수 있도록 교육과정을 개발하기 위해 교과별 학습내용을 핵심개념과 원리중심으로 엄선하고 교수-학습 및 평가방법을 개선하여 의미 있는 학습 경험이 이루어질 수 있도록 했다. 이를 통해 학생들이 배움을 즐기고 미래사회에 필요한 핵심 역량을 갖출 수 있도록 하는 데 중점을 두었다. 이러한 급속한 변화의 시점에서 가장 중요시 되는 것이 과정중심평가와 성취평가제이다. 따라서 이 장에서 과정중심평가, 성취평가제를 살펴보고자 한다.

CHAPTER 11

과정중심평가와 성취평가제

1 과정중심평가의 이해

1) 평가의 변화

학생평가는 교육활동의 불가결한 구성 요소로서, 학생이 학교교육을 통해 학습한 성과를 확인하려는 목적, 학생의 교육적 성장과 발전을 돕기 위한 목적, 향후 교수-학습과정의 계획을 수립하기 위한 목적으로 행하는 중요한 교육적 행위이다.

표 11-1 평가 패러다임의 변화

학습결과에 대한 평가		학습을 위한 · 학습으로서의 평가
학기 · 학년말 평가(등급, 성적표를 제공 위한)	➡	교수-학습 중 평가(학습에 도움 주기 위한)
총합적 평가		진단적, 형성적 평가
결과중심평가		결과 및 과정중심평가
교사평가		교사평가, 자기평가, 동료평가

출처: 조호제(2017).

2) 과정중심평가의 의미

과정중심평가란 교육과정의 성취기준에 기반한 평가계획에 따라 교수-학습과정에서 학생의 변화와 성장에 대한 자료를 다각도로 수집하여 적절한 피드백을 제공하는 평가이다.

(1) 평가 패러다임의 확장

과정중심평가는 학생이 학습하는 과정과 수행하는 과정을 평가의 대상으로 포함시키는 동시에, 평가결과 활용 범위를 확장하고 평가를 학습의 도구로 사용하고자 하는 의도가 강조된다.

표 11-2 평가방식 패러다임의 변화

	종래의 평가 방식		새로운 평가 방식
평가체제	• 상대평가 • 양적평가	➡	• 절대평가 • 질적평가
평가목적	• 선발 · 분류 · 배치 • 한 줄 세우기	➡	• 지도 · 조언 · 개선 • 여러 줄 세우기
평가내용	• 학습의 결과 중시 • 학문적 지능의 구성 요소	➡	• 학습의 결과 및 과정 중시 • 실천적 지능의 구성요소
평가방법	• 선택형 문항을 사용한 지필평가 중심 • 일회적 평가 • 객관성 · 일관성 · 공정성 강조	➡	• 다양한 평가방법 고려 • 지속적 · 종합적 평가 • 전문성 · 타당성 · 적합성 강조
평가시기	• 학습 활동이 종료되는 시점 • 교수 – 학습과 평가 분리	➡	• 학습활동의 모든 과정 • 교수 – 학습과 평가 통합
교사역할	• 지식의 전달자	➡	• 학습의 안내자 · 촉진자
학생역할	• 수동적인 학습자 • 지식의 재생산자	➡	• 능동적인 학습자 • 지식의 창조자
교수 – 학습	• 교사중심 • 인지적 영역 중심 • 암기 위주 • 기본 학습능력 강조	➡	• 학생중심 • 인지적 · 정의적 영역 모두 강조 • 탐구 위주 • 창의성 · 고등 사고기능 강조

출처: 교육부(2016).

(2) 결과중심평가와의 대비

과정중심평가는 학생이 지식을 알고 있는지에 대한 여부를 평가하는 결과 중심적인 평가와 대비되어 학생의 해결과정에 중점을 두는 평가이다(한국교육과정평가원, 2017).

(3) 교육과정, 교수-학습, 평가의 연계

과정중심평가에서는 교육과정의 성취기준을 기반으로 교수-학습과 평가계획을 세우고, 교수-학습과정에서 자료를 다각도로 수집하여 적절한 피드백을 제공해야 한다. 수업 중 과정중심평가 시기 및 피드백 요소의 예시는 그림 11-1과 같다.

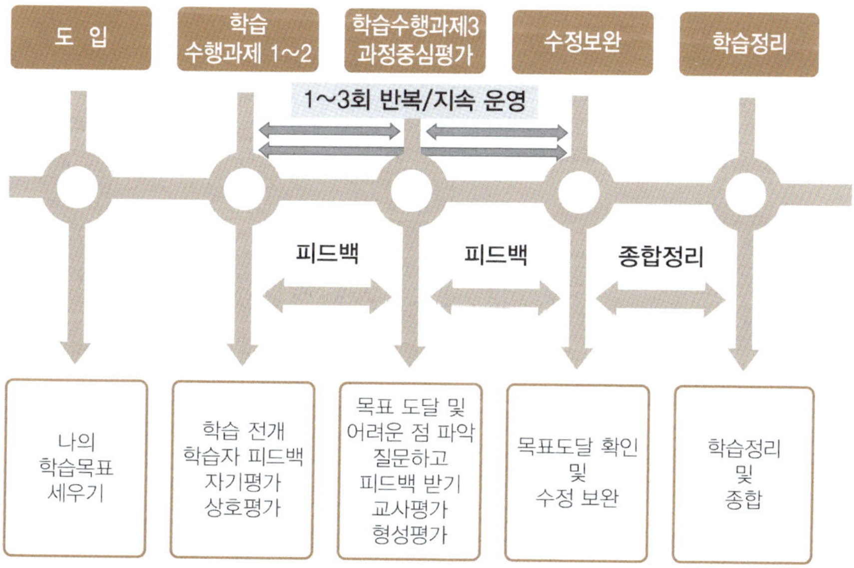

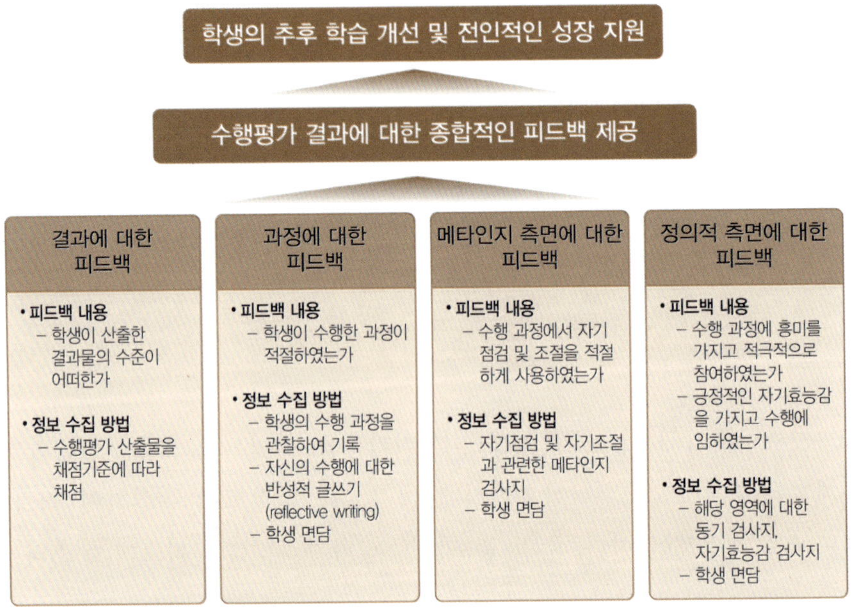

출처: 전라남도교육연구정보원(2018).

그림 11-1 수업 중 과정중심평가 시기 및 피드백 요소

3) 과정중심평가의 특징

① 성취기준에 기반을 둔 평가: 과정중심평가는 교과 성취기준에 기반을 둔 평가이다.

② 수업 중에 이루어지는 평가: 과정중심평가는 수업 중에 이루어지는 평가로서, 교수-학습과 연계된 평가를 지향한다.

③ 수행과정의 평가: 과정중심평가에서는 지식, 기능, 태도가 학습자에게서 어떻게 발달하고 있는지를 파악하기 위해 학습자의 수행과정을 평가대상으로 한다.

④ 지식, 기능, 태도를 아우르는 종합적인 평가: 과정중심평가는 지식, 기

능, 태도의 인지적 · 정의적 영역까지 포함하여 종합적으로 평가하는 것이 중요하다.

⑤ 다양한 평가방법의 활용: 과정중심평가는 평가의 목적이나 내용을 고려하고 다양한 평가방법을 활용하여 학생에 대한 다양한 측면을 파악하는 것이 중요하다.

⑥ 학습자의 발달을 위한 평가결과의 활용: 과정중심평가는 학습자의 성장과 발달과정을 관찰함으로써 학습자의 부족한 점을 채워 주고, 우수한 점을 심화 · 발전시킬 수 있도록 돕는 데 기여한다(교육부 · 교육과정평가원, 2017).

2 성취평가제의 이해

1) 성취평가제의 도입배경과 의미

(1) 성취평가제의 도입 배경

글로벌 지식기반사회에서 요구되는 창의력과 인성을 겸비한 인재 육성에 적합한 교수-학습방법과 평가제도 확립이 필요해짐에 따라 다음과 같은 교육환경의 변화가 4가지가 일어났다.

① 창의 · 인성교육 활성화에 초점을 둔 학생 중심의 2009 개정 교육과정이 도입됨에 따라 학생의 적성과 소질, 진로에 따른 교육과정 편성 및 운영이 강조되었다.

② 교과교실제 확대, 2014학년도까지 모든 중 · 고등학교에 진로진학상담교사 배치와 같은 수준별 · 맞춤형 교육 여건이 조성되었다.

③ 학생의 잠재력, 적성과 소질, 환경 등을 종합적으로 고려하여 학생을 선발하는 '자기주도 학습전형 및 입학담당관제(고입)', '입학사정관제(대입)' 등을 효과적으로 뒷받침하도록 중·고등학교 학습평가제도의 개선이 필요하였다.

④ 1~2점 차이로 석차(중학교)나 등급(9등급제, 고등학교)이 달라지는 기존의 상대평가체제에서는 지나친 경쟁으로 인해 학생들이 과중한 학업 스트레스를 받고, 자신의 적성과 진로에 맞는 교과목을 선택하기보다 석차에 유리한 과목을 선택하는 등의 문제가 있어 중·고등학교 학습평가방법이 개선되어야 한다는 필요성이 제기되었다.

(2) 성취평가제의 의미

① 성취평가제는 상대적 서열에 따라 '누가 더 잘했는지'를 평가하는 것이 아니라 '학생이 무엇을 어느 정도 성취하였는지'를 평가하는 제도로, 교육과정에 근거하여 개발된 교과목별 성취기준에 도달한 정도로 학생의 학업 성취수준(A-B-C-D-E, A-B-C, P)을 평가하는 제도이다.

② 성취평가제 도입은 학교교육의 평가 방식이 학생들 간 서열중심의 평가(규준참조평가, 상대평가)에서 학생들이 성취해야 할 목표(성취기준)중심의 평가(준거참조평가, 성취평가)로 전환되었다.

③ 제7차 교육과정 시기에 적용되었던 절대평가제와 비교해 볼 때, 학습목표에 도달한 정도를 평가한다는 점에서 두 평가제도는 공통점이 있지만, 성취평가제에서는 평가의 준거가 되는 성취기준과 성취수준을 명시하고, 이에 근거하여 학생들의 성취 정도를 평정한다는 점에서 차이점이 있다.

2) 성취기준과 성취수준의 의미

(1) 성취기준

성취기준은 각 교과목에서 학생들이 학습을 통해 성취해야 할 지식, 기능, 태도의 특성을 기술한 것으로, 교수-학습 및 평가의 실질적인 근거이며, 교육과정의 학교현장 적합성과 활용도를 제고하는 차원에서, 학생이 무엇을 공부하고 성취해야 하는지, 교사가 무엇을 가르치고 평가해야 하는지에 관한 보다 실질적인 지침을 제공하기 위해 교육과정을 재진술한 것이다. 또한 2009 개정 교육과정에 따른 교과목별 성취기준 예시는 표 11-3과 같다.

표 11-3 2009 개정 교육과정에 따른 교과목별 성취기준 예시

과목	성취기준
국어	목적과 상대에 따라 말하기 방식이 달라지는 이유를 설명할 수 있다.
사회	우리나라 인구 분포의 특징을 파악하고, 이에 영향을 미치는 지리적 요인을 설명할 수 있다.
수학	일차방정식을 활용하여 다양한 실생활 문제를 해결할 수 있다.
과학	광물과 암석을 특징에 따라 분류할 수 있다.
영어	개인생활이나 가정생활에 관하여 주요 내용을 묻고 답할 수 있다.

출처: 교육부(2016).

(2) 성취수준

성취수준은 학생들이 교과목별 성취기준에 도달한 수준을 나타내는 것으로, 성취기준에 도달한 정도를 몇 개의 수준으로 구분하고 각 수준에 있는 학생들의 지식, 기능, 태도의 특성을 설명한 것이다. 성취수준은 '성취기준 단위 성취수준'(상 · 중 · 하)과 '학기 단위 성취수준'(A-B-C-D-E 등)으로 구

분된다. 또한 성취기준 단위 성취수준은 각 성취기준에 도달한 정도를 상·중·하의 3개 수준으로 구분하여 특성을 설명한 것으로, 그 일반적 특성은 표 11-4와 같다.

표 11-4 성취기준 단위 성취수준 일반적 특성

성취기준	설명
상	성취기준에 제시된 지식이나 기능 및 태도에 대한 이해와 수행이 우수한 수준
중	성취기준에 제시된 지식이나 기능 및 태도에 대한 이해와 수행이 보통인 수준
하	성취기준에 제시된 지식이나 기능 및 태도에 대한 이해와 수행이 미흡한 수준

출처: 교육부(2016).

(3) 성취수준 부여

성취평가제에서는 교과별로 학생이 성취기준에 도달한 정도에 따라 'A-B-C-D-E' 또는 'A-B-C' 또는 'P'와 같은 성취수준을 부여한다. 또한 'A-B-C-D-E' 등으로 학생들의 성취수준을 부여할 경우, A, B, C, D, E로 표현된 성취수준 명칭이 전달하고자 하는 의미를 설명할 필요가 있다. 이를 성취수준 특성 기술(performance level description 또는 achievement level description)이라 하며, 각 성취수준에 있는 학생에게 기대되는 전형적인 특성을 기술한 것이다. 각 성취수준에 대한 일반적인 특성은 표 11-5와 같다.

표 11-5 각 성취수준에 대한 일반적인 특성

성취수준	기준성취율	일반적 특성
A	90% 이상	한 학기동안 학생들이 충실한 교수-학습과정을 통해 성취하기를 기대하는 전체 성취기준에 대한 이해와 수행이 매우 우수한 수준
B	80% 이상 ~ 90% 미만	한 학기동안 학생들이 충실한 교수-학습과정을 통해 성취하기를 기대하는 전체 성취기준에 대한 이해와 수행이 우수한 수준
C	70% 이상 ~ 80% 미만	한 학기동안 학생들이 충실한 교수-학습과정을 통해 성취하기를 기대하는 전체 성취기준에 대한 이해와 수행이 보통 수준

성취수준	기준성취율	일반적 특성
D	60% 이상 ~ 70% 미만	한 학기동안 학생들이 충실한 교수-학습과정을 통해 성취하기를 기대하는 전체 성취기준에 대한 이해와 수행이 다소 미흡한 수준
E	60% 미만	한 학기동안 학생들이 충실한 교수-학습과정을 통해 성취하기를 기대하는 전체 성취기준에 대한 이해와 수행이 미흡한 수준

출처: 교육부(2016).

3) 교육활동·교사역할 변화

(1) 교육활동 변화

① 교수-학습의 변화가 이루어진다. 성취기준 중심의 수업목표를 설정하고, 성취기준에 도달할 수 있도록 수업 내용을 구성하고 성취기준 도달 정도를 어떻게 평가할지를 고려하여 교수-학습을 진행함으로써 교육과정, 교수-학습, 평가 간의 연계성이 강해진다.

② 성취평가제 취지를 반영하여 평가가 준비되고 시행된다. 교수-학습 과정에서 학생들이 도달해야 하는 교과목별 성취기준을 도출하고, 이를 토대로 학생들의 성취 정도를 측정할 수 있는 평가도구가 제작된다. 평가도구는 학생들의 학업 성적 변별보다는 성취기준 도달 여부를 평가하는 내용타당도에 더 초점을 두어 제작된다.

③ 학교생활기록부 성적 기재 방식이 달라진다. 과목별 기준성취율에 따라 성취도를 5개 수준, 3개 수준, 이수로 평정하며 석차 표기를 삭제하고, 원점수/과목평균(표준편차)을 병기한다.

④ 교과(학년)협의회가 활성화된다. 학기별 평가계획 수립과 성취기준·성취수준 마련, 출제계획 수립, 평가도구 공동개발, 교과목별 기준성취율 확인, 평가결과분석 및 피드백이 교과(학년)협의회에서 이루어진다.

⑤ 학기별로 각 교과(목)의 평균, 표준편차, 성취수준별 분포 비율이 공시되어 평가결과에 대한 피드백과 책무성이 강화된다.

⑥ 학업 성취수준 평정을 위한 교과목별 기준성취율을 명시하는 것과 같이 성취평가제 운영에 적합하도록 학교 학업성적관리규정이 개정된다.

(2) 교사역할 변화

① 학교교육과정을 설계할 때 교육목표, 교육내용, 교수-학습방법, 평가방법이 성취평가제와 일관성이 있도록 설계해야 한다. 즉, 학생이 도달해야 하는 교과별 성취기준을 정하고 그에 적합한 교수-학습활동을 전개한 다음, 성취기준에 어느 정도 도달했는지 평가하고, 성취기준에 근거하여 교과의 어느 부분이 부족한지 파악하여 학생을 지도하도록 한다.

② 과학적이고 체계적인 평가계획을 수립하고 타당도 높은 평가도구를 제작할 수 있는 교사의 평가 전문성이 요구된다. 즉, 교육과정에 근거한 성취기준이 적절한지, 성취기준에 근거한 교사의 교수-학습활동이 적절하였는지, 성취기준이 제대로 성취되었는지, 평가도구가 타당했는지 등에 대하여 진단하고 개선해나가는 자세를 통하여 교사의 평가 전문성을 향상시킬 수 있도록 노력해야 한다.

③ 학생의 성적을 서열화하기 위하여 어려운 함정문제 출제, 동석차를 줄이기 위한 인위적인 소수점 배점 부여 등과 같이 변별력 확보에 치중하였던 평가방법에서 벗어나 학생이 성취기준에 도달하였는지를 평가하여 학생의 실질적 학력 향상을 추구하는, 즉 평가 본래의 목적을 추구하고자 하는 교사의 인식전환이 중요하다(한국교육과정평가원, 2013).

연습문제

01 다음 중 과정중심평가 변화의 요인이 아닌 것은?

① 학생이 학교교육을 통해 학습한 성과를 확인하려는 목적이다.
② 학생의 교육적 성장과 발전을 돕기 위한 목적이다.
③ 향후 교수－학습과정의 계획을 수립하기 위한 목적이다.
④ 교사평가, 자기평가, 동료평가 등을 실시한다.
⑤ 진단적 평가, 형성적 평가, 총합적 평가를 실시한다.

02 다음 중 과정중심평가방식 패러다임의 변화의 요인으로 잘못된 것은?

① 상대평가, 양적평가에서 절대평가, 질적평가로의 변화이다.
② 선발 · 분류 · 배치, 한 줄 세우기에서 지도 · 조언 · 개선, 여러 줄 세우기로의 변화이다.
③ 학습의 결과 중시, 학문적 지능의 구성 요소에서 학습의 결과 및 과정 중시, 실천적 지능의 구성 요소로의 변화이다.
④ 능동적인 학습자, 지식의 창조자에서 수동적인 학습자, 지식의 재생산자로의 변화이다.
⑤ 학습활동이 종료되는 시점, 교수－학습과 평가 분리에서 학습활동의 모든 과정, 교수－학습과 평가 통합으로의 변화이다.

03 다음 중 과정중심평가방식의 특징으로 잘못된 것은?

① 과정중심평가는 교과 성취기준에 기반을 둔 평가이다.
② 과정중심평가는 수업 중에 이루어지는 평가로서, 교수－학습과 연계된 평가를 지향한다.
③ 과정중심평가에서는 지식, 기능, 태도가 학습자에게서 어떻게 발달하고 있는지를 파악하기 위해 학습자의 결과를 평가 대상으로 한다.
④ 과정중심평가는 지식, 기능, 태도의 인지적 · 정의적 영역까지 포함하여 종합적으로 평가하는 것이 중요하다.
⑤ 과정중심평가는 학습자의 성장과 발달과정을 관찰함으로써 학습자의 부족한 점을 채워주고, 우수한 점을 심화 · 발전시킬 수 있도록 돕는 데 기여한다.

04 다음 빈 칸에 알맞은 말을 쓰시오.

> 성취평가제는 상대적 서열에 따라 '누가 더 잘했는지'를 평가하는 것이 아니라 '학생이 무엇을 어느 정도 성취하였는지'를 평가하는 제도로, 교육과정에 근거하여 개발된 교과목별 성취기준에 도달한 정도로 학생의 학업 성취수준(A-B-C-D-E,   , P)을 평가하는 제도이다.

05 다음 빈 칸에 알맞은 말을 쓰시오.

> 성취평가제 도입은 학교교육의 평가 방식이 학생들 간 서열중심의 평가(규준참조평가, 상대평가)에서 학생들이 성취해야 할 목표(   )중심의 평가(준거참조평가, 성취평가)로 전환되었다.

06 다음 빈 칸에 알맞은 말을 쓰시오.

> (   )은 학생들이 교과목별 성취기준에 도달한 수준을 나타내는 것으로, 성취기준에 도달한 정도를 몇 개의 수준으로 구분하고 각 수준에 있는 학생들의 지식, 기능, 태도의 특성을 설명한 것이다.

07 성취평가제 시행으로 인한 교육활동 변화를 5가지 이상 쓰시오.

08 성취평가제 시행으로 인한 교사역할 변화를 2가지 이상 쓰시오.

정답

01 ⑤

02 ④

03 ③

04 A-B-C

05 성취기준

06 성취수준

07 ① 교수-학습의 변화가 이루어진다. 성취기준중심의 수업목표를 설정하고, 성취기준에 도달할 수 있도록 수업 내용을 구성하고 성취기준 도달 정도를 어떻게 평가할지를 고려하여 교수-학습을 진행함으로써 교육과정, 교수-학습, 평가 간의 연계성이 강해진다.

② 성취평가제 취지를 반영하여 평가가 준비되고 시행된다. 교수-학습과정에서 학생들이 도달해야 하는 교과목별 성취기준을 도출하고 이를 토대로 학생들의 성취 정도를 측정할 수 있는 평가도구가 제작된다. 평가도구는 학생들의 학업 성적 변별보다는 성취기준 도달 여부를 평가하는 내용타당도에 더 초점을 두어 제작된다.

③ 학교생활기록부 성적 기재 방식이 달라진다. 과목별 기준성취율에 따라 성취도를 5개 수준, 3개 수준, 이수로 평정하며 석차 표기를 삭제하고, 원점수/과목평균(표준편차)을 병기한다.

④ 교과(학년)협의회가 활성화된다. 학기별 평가계획 수립과 성취기준 · 성취수준 마련, 출제계획 수립, 평가도구 공동개발, 교과목별 기준성취율 확인, 평가결과 분석 및 피드백이 교과(학년)협의회에서 이루어진다.

⑤ 학기별로 각 교과(목)의 평균, 표준편차, 성취수준별 분포 비율이 공시되어 평가결과에 대한 피드백과 책무성이 강화된다.

⑥ 학업 성취수준 평정을 위한 교과목별 기준성취율을 명시하는 것과 같이 성취평가제 운영에 적합하도록 학교 학업성적관리규정이 개정된다.

08 ① 학교교육과정을 설계할 때 교육목표, 교육내용, 교수-학습방법, 평가방법이 성취평가제와 일관성이 있도록 설계해야 한다. 즉, 학생이 도달해야 하는 교과별 성취기준을 정하고 그에 적합한 교수-학습활동을 전개한 다음, 성취기준에 어느 정도 도달했는지 평가하고 성취기준에 근거하여 교과의 어느 부분이 부족한지 파악하여 학생을 지도하도록 한다.

② 과학적이고 체계적인 평가계획을 수립하고 타당도 높은 평가도구를 제작할 수 있는 교사의 평가 전문성이 요구된다. 즉, 교육과정에 근거한 성취기준이 적절한지, 성취기준에 근거한 교사의 교수-학습활동이 적절하였는지, 성취기준이 제대로 성취되었는지, 평가도구가 타당했는지 등에 대하여 진단하고 개선해나가는 자세를 통하여 교사의 평가 전문성을 향상시킬 수 있도록 노력해야 한다.

③ 학생의 성적을 서열화하기 위하여 어려운 함정문제 출제, 동석차를 줄이기 위한 인위적인 소수점 배점 부여 등과 같이 변별력 확보에 치중하였던 평가방법에서 벗어나 학생이 성취기준에 도달하였는지를 평가하여 학생의 실질적 학력 향상을 추구하는, 즉 평가 본래의 목적을 추구하고자 하는 교사의 인식전환이 중요하다.

교육평가는 학습활동의 과정 및 결과에 대한 산출과정이자 새로운 교육활동을 개선하기 위한 생산적 탐색활동이다. 교육평가는 앞서 살펴본 인지적 · 정의적 영역의 다양한 요소들에 대한 학습결과를 확인하고 평가하는 활동이다. 과목별로 다양한 형태의 평가방법을 활용하여 평가를 실행할 수 있으며, 평가 문항의 형식도 평가하고자 하는 요소에 따라 다양한 형태로 선정될 수 있다. 뿐만 아니라. 평가 문항을 제작할 때에는 평가 기준과 평가 영역, 난이도, 평가 목표 등을 설정하는 것이 중요하다. 따라서 이 장에서는 교과별 평가 문항의 제작과 관련된 평가의 실제에 대하여 접근하고자 한다.

CHAPTER 12

평가의 실제(교과별)

1 평가문항의 실제(국어)

※ 다음 글을 읽고 물음에 답하시오.

(가)

□<u>아씨처럼 나린다</u>
보슬보슬 ㉠<u>햇비</u>
맞아 주자 다 같이
옥수숫대처럼 크게
닷 자 엿 자 자라게
□<u>해님이 웃는다</u>
나 보고 웃는다.

□<u>하늘 다리 놓였다</u>
알롱알롱 무지개
노래하자 즐겁게
동무들아 이리 오나
다 같이 춤을 추자
□<u>해님이 웃는다</u>
즐거워 웃는다.

1. 위 시에 대한 설명으로 알맞지 <u>않은</u> 것은?(3점)
   ① 노래를 부르는 듯한 가락이 나타난다.
   ② 독자의 마음속에 생생한 이미지를 불러일으킨다.
   ③ 이 시의 화자는 비를 맞으며 즐거워하는 '나'이다.
   ④ 비유적 표현을 사용하여 말하고자 하는 바를 직접 드러낸다.
   ⑤ 비를 맞으며 아이들이 뛰어노는 모습을 생동감 있게 그려냈다.

2. (가)의 분위기로 알맞지 <u>않은</u> 것은?(2점)
   ① 경쾌함 ② 밝음 ③ 신남
   ④ 아름다움 ⑤ 지루함

3. 위 글의 ㉠에 대한 설명한 것으로 알맞은 것은?(3점)
   ① 굵고 거세게 좍좍 내리는 비
   ② 물을 퍼붓듯이 세차게 내리는 비
   ③ 볕이 나 있는 날 잠깐 오다 그치는 비

④ 이슬비보다 좀 굵으나 가늘게 내리는 비
⑤ 바람이 없는 날 가늘고 성기게 조용히 내리는 비

4. □에 대한 설명으로 알맞지 않은 것은?(4점)
① 표현하고자 하는 대상은 '햇비'이다.
② '사과 같은 내 얼굴'과 같은 비유의 표현이다.
③ 사고력과 상상력을 자극하여 흥미를 높이는 효과가 있다.
④ 표현하려는 대상을 이어주는 말 없이 간접적으로 무언가 빗대어 표현하는 방법이다.
⑤ 비슷한 성질이나 모양을 가진 두 사물을 '같이', '처럼'과 같은 말로 연결하여 직접 비유하는 방법이다.

5. □와 같은 비유의 표현이 사용된 것으로 알맞은 것은?(3점)
① 책은 마음의 양식
② 등잔 밑이 어둡다.
③ 펜은 칼보다 강하다.
④ 돌담에 속삭이는 햇발
⑤ 만나지 못해 맴돌고 있어. 우린 마치 평행선처럼.

6. □가 표현하려는 대상으로 알맞은 것은?(3점)
① 아씨 ② 햇비 ③ 무지개
④ 옥수숫대 ⑤ 해님

7. 위 시의 운율 형성 방법으로 알맞지 않은 것은?(3점)
① '~자.'라는 말을 반복한다.
② 일정한 글자 수를 반복한다.
③ 각 행을 2음보로 끊어 읽는다.
④ '웃는다'라는 시어를 반복한다.
⑤ '해님이 웃는다'라는 동일한 시구를 반복한다.

(서술형1) 다음 신문 기사 제목에 쓰인 비유의 종류와 그 이유를 조건에 맞게 한 문장으로 서술하시오. (5점)

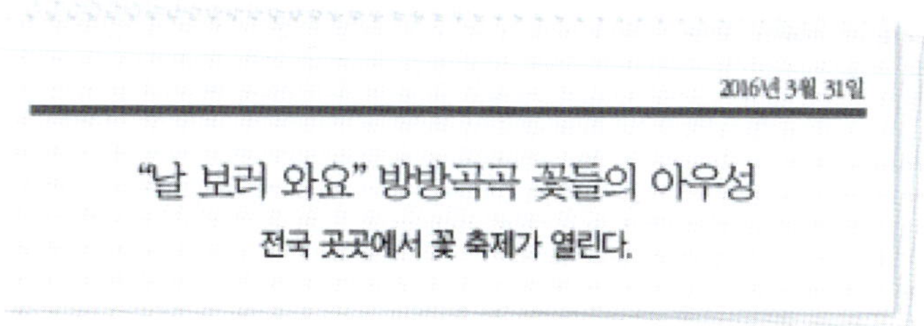

2016년 3월 31일

"날 보러 와요" 방방곡곡 꽃들의 아우성

전국 곳곳에서 꽃 축제가 열린다.

조건)
1) **비유의 종류**를 포함할 것(2점)
2) 이유를 서술할 때는 **표현하고자 하는 대상**과 **빗대어 표현한 대상**을 포함할 것(3점)

예) ______을/를 ______에 빗대고 있기 때문에 ______이다.

채점기준	
맞춤법에 어긋난 경우 횟수에 관계없이	1점 감점
한 문장이 아닌 경우	1점 감점
내용이 미흡한 경우	1점 감점

• 문항정보표 •

2019년도 1학기 중간고사	2학년 총 문항수 30문항
고사일시 2019년 ○○월 ○○일 ○교시	공동출제자 : ○○○ (인) ○○○(인)
총점 100.00점	선택형 80.00점 서술형 20.00점

선택형 문항

문항 번호	내용영역	성취기준	난이도			배점	정답
			어려움	보통	쉬움		
1	시 내용 파악	[9국05-02]	○			3	4
2	시의 분위기	[9국05-02]			○	2	5
3	제재의 의미	[9국05-02]		○		3	3
4	직유법	[9국05-02]		○		4	4
5	의인법	[9국05-02]		○		3	4
6	비유적 표현의 원관념	[9국05-02]		○		3	3
7	운율을 형성하는 요소	[9국05-02]	○			3	2

서술형 문항

문항 번호	내용영역	성취기준	난이도			배점	정답
			어려움	보통	쉬움		
1	의인법	[9국05-02]		○		5	별도 첨부

• 서술형 평가문항 답안 및 채점 기준표 •

문항번호	배점	정답	인정답안	부분 점수(채점기준)
서술형 1	5	'꽃들의 아우성'은 사람이 아닌 꽃을 사람인 것처럼 표현하였으므로 '의인법'에 해당한다.		• 맞춤법에 어긋난 경우 횟수에 관계없이(-1점) • 한 문장이 아닌 경우(-1점) • 내용이 미흡한 경우(-1점)

출처: ○○중학교 2019. 1학기 중간고사에서 발췌.

2 평가문항의 실제(생활과 윤리)

1) 선다형

1. 다음 사상에 대한 옳은 설명만을 〈보기〉에서 있는 대로 고른 것은?(3.0)

> "보편타당한 규칙을 따르라" 또는 "최대의 공리를 산출하는 행위를 선택하라"가 아니라 "정직한 사람이 되어라"라고 말하며, 이를 위하여 "정직한 사람이 할 법한 것을 행하라"라고 요구해야 한다. 이는 '행위'보다는 '행위자'에게 초점을 맞추는 것으로 도덕 법칙이나 원칙 대신 행위자의 내적 특성에 주목하는 것이다.

> <보 기>
> ㄱ. 선한 감정을 억누르고 의무 의식에 따라야 한다고 본다.
> ㄴ. 사람들이 처한 구체적인 상황에 주목해야 한다고 본다.
> ㄷ. 개인은 공동체에 소속된 존재임을 강조해야 한다고 본다.
> ㄹ. 도덕 판단을 할 때 맥락적 사고를 반영해야 한다고 본다.

① ㄱ, ㄴ ② ㄱ, ㄷ ③ ㄴ, ㄹ ④ ㄱ, ㄷ, ㄹ ⑤ ㄴ, ㄷ, ㄹ

2. 다음의 현대생활과 실천 윤리에 대한 설명 중 옳지 않은 것은?(3.0)

① 동양에서 윤리란 인간관계의 이치와 도리를 뜻한다.
② 윤리학은 인간이 살아가면서 지켜야 할 도덕적인 행동의 기준이나 규범을 탐구하는 학문이다.
③ 정보화된 현대사회에서는 발생한 윤리 문제의 책임이 누구에게 혹은 어디에 있는지 명확하게 알 수 있다.
④ 자살, 안락사, 뇌사 등은 죽음과 관련된 것이므로 생명윤리 영역에 해당된다.
⑤ 과학윤리 영역에서는 과학기술의 가치 중립성과 사회적 책임 문제, 정보 기술과 매체의 발달에 따른 문제 등이 발생하고 있다.

3. 갑, 을의 입장에 대한 설명으로 가장 적절한 것은?(3.0)

> 갑: 기업 경영자들이 주주의 이익에 봉사하는 것을 넘어서서, 이제는 사회적 책임을 져야 합니다.
> 을: 아닙니다. 시장 경제에서 기업이 지는 사회적 책임은 오로지 한 가지뿐입니다. 그것은 게임의 규칙을 준수하는 한에서 기업의 이익을 위한 활동에 매진하는 것입니다.

① 갑은 기업 경영자가 기업의 이윤을 모두 사회에 환원해야 한다고 본다.
② 갑은 기업 경영자가 경제적으로 결과적 평등을 실현하기 위해 노력해야 한다고 본다.
③ 을은 기업의 궁극적 목적이 이익의 극대화에 있다고 본다.
④ 을은 기업이 다양한 사회적 활동을 통해 공익에 기여해야 할 책임이 있다고 본다.
⑤ 갑, 을은 기업이 경제적 효율성 극대화를 위한 활동만을 담당해야 한다고 본다.

4. 인공 임신 중절과 관련된 윤리적 쟁점에 대한 찬성 논거의 설명으로 옳지 않은 것은?(4.0)

> 인공 임신 중절과 관련된 윤리적 쟁점은 태아의 생명권과 여성의 선택권 중 어느 것을 우선으로 보호할 것인가이다. ① 여성의 선택권을 우선으로 보호하자는 입장(pro-choice)을 가진 사람들은 인공 임신 중절을 찬성하고 있다. 또한 ② 배아는 인간이 아니며, ③ 여성은 정당방위의 권리를 지닌다. ④ 여성은 자신의 삶을 자율적으로 영위할 권리를 가진다. 그리고 ⑤ 태아는 여성의 신체 일부로서 여성은 자신의 신체에서 일어난 일을 선택할 권리를 가진다.

2) 단답형

1. 죽음을 판정하는 전통적인 기준은 ( )이다.(2점)

2. 사회구성원에게 여러 가지 사회적 · 경제적 가치를 공정하게 분배함으로써 실현되는 정의는 무엇인지 쓰시오.(3점)

3) 서술형

1. 안락사에 찬성하는 입장을 공리주의 관점에서 두 가지 서술하시오.(4.0)

   ① ______________________________

   ② ______________________________

2. 생식 세포 유전자 치료의 반대 논거를 세 가지 서술하시오.(6.0)

   ① ______________________________

   ② ______________________________

   ③ ______________________________

• 문항정보표(생활과 윤리) (과목 코드 : 17) •

○○○○년도 2학기 중간고사	일반계 2학년 7차일반	총 문항수 32문항
고사일시 ○○○○년 10월 08일 2교시	공동출제자 : ○○○ (인)	
총점 100.00점	선택형 70.00점 서술형 20.00점	

문항 번호	내용영역	성취기준	난이도			배점	정답
			어려움	보통	쉬움		
선다형 문항							
1	인간 행위의 관점	[12생윤01-02]		○		3	5
2	현대 생활과 실천 윤리	[12생윤01-01]		○		3	3
3	기업가의 사회적 책임	[12생윤03-01]		○		3	3
4	인공 임신 중절의 윤리적 쟁	[12생윤02-02]	○			4	2
단답형 문항							
1	죽음의 전통적인 기준	[12생윤02-02]			○	2	심폐사
2	분배적 정의의 개념	[12생윤03-02]		○		3	분배적 정의
서술형 문항							
1	공리주의적 관점에서 안락사의 찬성 근거	[12생윤02-02]	○			4	서술형 채점 기준표 참조
2	생식 세포 유전자 치료의 반대 논거	[12생윤02-02]	○			6	
총합계			3	4	2	100.00	-
비율(%)						100	-

• 서술형 평가문항 답안 및 채점 기준표 •

문항 번호	모범답안	점수	채점기준	인정답안	배점
1	1. 환자 본인과 가족에게 심리적 · 경제적 부담을 준다. 2. 제한된 의료 자원을 효율적으로 사용해야 하는 사회 전체의 이익에도 부합하지 않는다.	4	두 가지 모두 서술한 경우	1. 환자 본인과 가족에게 심리적 · 경제적 부담을 준다. 2. 제한된 의료 자원을 효율적으로 사용해야 한다. 3. 사회 전체의 이익에도 부합하지 않는다.	4
		2	한 가지만 서술한 경우		
		0	하나도 서술하지 못한 경우		
2	1. 미래세대의 동의 여부가 불확실하다. 2. 의학적으로 불확실하고 임상적으로 위험하다. 3. 인간의 유전자를 조작하려는 우생학을 부추길 수 있다. 4. 고가의 치료비로 그 혜택이 일부 사람에게 치중되어 분배 정의에 어긋날 수 있다.	6	세 가지 모두 서술한 경우	1. 동의 여부가 불확실하다. 2. 의학적으로 불확실하다. 3. 임상적으로 위험하다. 4. 우생학을 부추길 수 있다. 5. 고가의 치료비로 분배 정의에 어긋날 수 있다.	6
		4	두 가지만 서술한 경우		
		2	한 가지만 서술한 경우		
		0	하나도 서술하지 못한 경우		
합계					10

출처: OO고등학교 2019. 2학년 2학기 중간고사(생활과 윤리)에서 발췌.

3 평가문항의 실제(사회)

1) 선다형 문항

1. 다음 사례에 해당하는 문화 현상은? (3점)

> **청바지**는 미국 캘리포니아 금광의 광부들이 작업복으로 입기 시작한 데서 유래하였다. 당시 광부들은 오래 입어도 찢어지지 않고 잘 견디는 바지가 필요하여 돛천을 이용하여 바지를 만들기 시작했다. 이 바지는 예상보다 엄청난 인기를 끌었고, 이후 미국에서 유행하는 옷이 되었다. 그리고 전 세계로 퍼져나갔다.

① 문화 접촉 ② 문화 공존 ③ 문화 전파
④ 문화 창조 ⑤ 문화 획일화

2. 다음 글에 해당하는 문화 현상의 사례와 거리가 먼 것은? (4점)

> 멕시코는 에스파냐의 영향으로 가톨릭교가 전파되었는데, 원주민들이 가톨릭교의 성모상을 변형하여 자신들의 모습을 닮은 검은 머리, 갈색 피부의 성모상을 만들었다.

① 우리나라에서는 피자의 토핑으로 불고기를 사용한 불고기 피자를 판매한다.
② 인도에서는 쇠고기 대신 양고기와 닭고기를 넣어 만든 햄버거를 판매한다.
③ 우리나라에서는 햄버거에 빵 대신 밥을 이용한 라이스 버거가 판매되기도 한다.
④ 세계화에 따라 보급된 냉장고와 우리나라의 김장독이 결합하여 김치냉장고가 만들어졌다.
⑤ S 커피 전문점은 세계 여러 지역에서 동일한 간판을 사용하며 동일한 서비스를 제공한다.

3. 다음과 관련이 깊은 국가는? (3점)

- 언어가 공존하는 국가
- 독일어, 프랑스어, 이탈리아어, 로만슈어를 공용어로 사용
- 공공기관의 모든 문서를 네 가지 공용어로 각각 발행함.

① 스위스 ② 벨기에 ③ 스리랑카
④ 싱가포르 ⑤ 팔레스타인

4. 다음 국가들의 공통점은? (3점)

벨기에, 캐나다 퀘백주, 스리랑카

① 같은 종교를 믿는다.
② 문화의 공존이 나타난다.
③ 문화의 갈등이 일어난다.
④ 같은 공용어를 사용한다.
⑤ 여러 개의 공용어를 사용하고 있다.

5. 다문화 사회에 대한 설명으로 옳은 것은? (2점)

① 문화의 세계화 흐름에 따라 점차 다문화 사회 모습이 사라지고 있다.
② 다문화 사회에서는 문화적 요소의 다양성을 인정하는 태도가 필요하다.
③ 우리나라에는 아직 외국인의 비중이 매우 작아 다문화 사회에 대한 대비가 필요하지 않다.
④ 다문화 사회로의 변화는 기존 문화의 정체성을 파괴시키기 때문에 바람직하지 않다.
⑤ 우리나라에서는 서울에서만 다문화 사회로 변화하고 있다.

6. 다음 (가), (나), (다)에서 설명하는 자원의 특성을 바르게 연결한 것은? (3점)

> (가) 매장량이 한정되어 있다.
> (나) 일부 지역에 집중되어 분포한다.
> (다) 기술 · 경제 수준, 사회 · 문화적 배경에 따라 가치가 변화한다.

	(가)	(나)	(다)
①	가변성	유한성	편재성
②	유한성	가변성	편재성
③	유한성	편재성	가변성
④	편재성	가변성	유한성
⑤	편재성	유한성	가변성

2) 서술형 문항

1. 다음 ㉠에 해당하는 신 · 재생 에너지를 쓰고(2점), ㉠에너지 개발에 대한 자신의 생각을 이유를 들어 서술(4점)하시오. (6점)

> (㉠) 에너지는 옥수수, 사탕수수, 감자 등 곡물이나 당분을 발효시켜 만드는 (㉠) 에탄올과 콩기름, 폐식용유 등에서 식물성 기름을 뽑아 만드는 (㉠) 디젤 그리고 음식물 쓰레기, 가축 배설물 등을 발효시킬 때 생성되는 (㉠) 가스가 대표적이다. 이는 화석 연료를 대체할 새로운 에너지원으로 주목받고 있다.

(   )

• 문항정보표 •

2019년도 1학기 기말고사	1학년	총 문항수 30문항
고사일시 2019년 ○월 ○일 2교시	공동출제자 :	○○○(인) ○○○(인)
총점 100.00점	선택형 80.00점 서술형 20.00점	

선다형 문항

문항 번호	내용영역	성취기준	난이도			배점	정답
			어려움	보통	쉬움		
1	문화 전파	9사(지리)04-02		○		3	3
2	문화 융합	9사(지리)04-02	○			4	5
3	문화가 공존하는 지역	9사(지리)04-03			○	3	1
4	문화가 갈등하는 지역	9사(지리)04-03	○			3	3
5	다문화 사회에서 필요한 자세	9사(지리)04-03			○	2	2
6	자원의 특성	9사(지리)06-01		○		3	3

서술형 문항

문항 번호	내용영역	성취기준	어려움	보통	쉬움	배점	정답
1	신재생에너지	9사(지리)06-03	○			5	별도 첨부

• 서술형 정답 및 채점 기준표 •

문항번호	배점	정답	인정 답안	부분 점수 (채점기준)
서술형 1	6	㉠ 바이오(2점) 바이오 에너지 개발에 대한 자신의 의견(찬성, 반대, 기타)을 적절한 근거 1가지를 들어 설명한 경우 정답처리(4점)		자신의 의견을 제시했으나 근거가 모호한 경우(3점)

출처: OO중학교 2019. 1학기 기말고사에서 발췌.

4 평가문항의 실제(역사)

1) 선택형 문항

1. 다음 조선의 건국 과정을 일어난 순서대로 바르게 나열한 것은? (4점)

가. 조선 건국	나. 한양 천도
다. 과전법 실시	라. 위화도 회군

① 가, 나, 다, 라　② 나, 라, 다, 가　③ 다, 나, 가, 라
④ 라, 가, 다, 나　⑤ 라, 다, 가, 나

2. 다음 글에서 (　　)에 공통으로 해당하는 조선의 정치 기구는? (2점)

> 사헌부, 사간원, 홍문관을 합쳐 (　　)(이)라고 부른다. (　　)(은)는 왕과 대신들의 국정 운영을 비판하고, 관리의 부정을 살피는 등의 언론 기능을 담당하였다.

① 3사　② 6조　③ 의정부
④ 승정원　⑤ 춘추관

3. 다음과 같은 서적을 편찬한 목적은? (3점)

> ○ 삼강행실도　○ 국조오례의

① 국방을 강화하기 위해
② 유교적 질서를 확립하기 위해
③ 지방을 효율적으로 통치하기 위해
④ 조선 건국의 정당성을 밝히기 위해
⑤ 우리 실정에 맞는 농사법을 알리기 위해

4. 다음 글에서 설명하는 조선 전기 왕의 업적이 아닌 것은? (3점)

> ○ 집현전 학자들과 더불어 28자의 표음 문자인 훈민정음을 창제함.
> ○ 민본 정치를 실현하고 민족 문화를 발전시킴.

① 왜구의 소굴인 쓰시마섬을 정벌하였다.
② 새로운 역법서인 "칠정산"을 편찬하었다.
③ 여진을 몰아내고 4군과 6진을 개척하였다.
④ 여러 법전을 종합하여 경국대전을 완성하였다.
⑤ 장영실로 하여금 해시계인 앙부일구를 제작하게 하였다.

5. 다음에서 설명하는 조선의 정치 세력은? (3점)

> ○ 정몽주, 길재의 학통을 이어받음.
> ○ 향촌 자치를 내세우며 도덕과 의리를 바탕으로 한 왕도 정치를 강조함.

① 사림　② 훈구　③ 권문세족
④ 문벌 귀족　⑤ 신진 사대부

6. 다음 글의 (　)안에 공통으로 들어갈 역사적 용어는? (2점)

> 사림이 훈구 세력으로부터 받은 정치적 탄압을 (　)(이)라고 한다. 수차례의 (　)(으)로 사림은 정계에서 물러났다. 그럼에도 불구하고 선조 대에 정치를 주도하는 세력으로 성장하였다.

① 환국　② 붕당　③ 사화
④ 탕평　⑤ 예송논쟁

7. 다음은 조선 중종 때의 개혁에 대한 내용이다. 이 정책을 실시한 인물은?(3점)

> ○ 위훈 삭제　○ 현량과 실시　○ 소격서 폐지

① 김일손　② 김종직　③ 김효원
④ 심의겸　⑤ 조광조

2) 서술형 문제

1. 서원의 기능에 대해 2가지 이상 서술하시오.(4점)

• 문항정보표 •

2019년도 2학기 기말고사	2학년	총 문항수 31문항
고사일시 2019년 ○월 ○일 ○교시	공동출제자 :	○○○(인) ○○○(인)
총점 100.00점	선택형 80.00점	서술형 20.00점

선다형 문항

문항 번호	내용영역	성취기준	난이도			배점	정답
			어려움	보통	쉬움		
1	조선의 건국	역9151	○			4	5
2	조선의 정치 제도	역9151			○	2	1
3	민족 문화의 발달	역9152		○		3	2
4	세종의 업적	역9152	○			3	4
5	조선의 정치 세력	역9153			○	3	1
6	사화	역9153			○	2	3
7	조광조의 개혁 정책	역9153		○		3	5

서술형 문항

문항 번호	내용영역	성취기준	어려움	보통	쉬움	배점	정답
1	서원의 발달	역9153		○		4	별도 첨부

• 서술형 정답 및 채점 기준표 •

문항번호	배점	정답	인정 답안	부분 점수 (채점기준)
서술형 1	4	덕망이 높은 유학자를 기리면서(제사) 지방 양반의 자제를 교육하였다.	'유학자를 기리면서(제사)'와 '지방 양반을 교육(양성)'이 모두 들어간 경우 정답으로 인정	- '유학자를 기리면서(제사)', '지방 양반을 교육' 중에서 한 가지만 서술한 경우 2점의 부분 점수 부여

출처: OO중학교 2019. 2학년 2학기 중간고사(역사)에서 발췌.

5 평가문항의 실제(수학)

1) 지식에 관한 평가

(1) 선택형 문항

문제

Q. 집합의 종류 중 집합의 원소가 하나도 없는 집합은?(　　　)

① 유한집합　② 무한집합　③ 교집합　④ 차집합　⑤ 공집합

답안 ⑤

(2) 서답형 문항

문제

Q. 이차방정식 $ax^2+bx+c=0$의 해 x를 구하는 근의 공식을 쓰시오(단, a는 0이 아님).

답안 $x=\dfrac{-b\pm\sqrt{b^2-4ac}}{2a}$

2) 이해에 관한 평가

(1) 선택형 분항

문제

Q. 다음 설명 중 잘못된 것은?(　　　)

① 음수에서는 절대값이 클수록 작은 수이다.
② 양수에서는 절대값이 클수록 큰 수이다.
③ 음수는 0보다 작고 양수는 0보다 크다.
④ 절대값은 항상 0보다 크다.
⑤ 절대값이 7인 수는 −7과 +7이다.

답안 ④

(2) 서답형 문항

문제

Q. 다음 보기 중 (　　)안에 들어갈 알맞은 기호를 각각 써 넣으시오.

A. {1,2,3,}　B. {x l x는 5의 배수}　C. {0}　D. {x l x는 6보다 작은 7의 배수}

Q-1. 유한집단 :(　　　　　)　Q-2. 무한집단 :(　　　　　)

답안 Q-1. 유한집단 :(　A, C　)　Q-2. 무한집단 :(　B　)

3) 적용에 관한 평가

(1) 선택형 문항

문제

Q. 세 변의 길이가 각각 12cm, 10cm, 10cm인 이등변삼각형의 높이 Acm와 넓이 Bcm^2라고 할 때, A+B의 값은?(　　　)

① 32　② 16　③ 42　④ 18　⑤ 30

답안 ①

(2) 서답형 문항

문제

Q. 피타고라스 정리를 활용하여 다음 도형의 넓이를 구하시오.

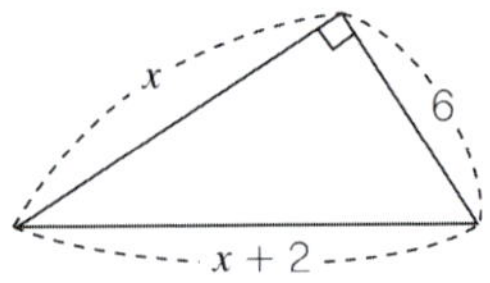

답안 24

6 평가문항의 실제(과학)

1) 지식에 관한 평가

(1) 선택형 문항

문제

Q. 과학적 탐구 방법 중 자연 현상에서 발견한 문제를 설명하기 위해 임시로 세운 이론은?(　　　)

① 원칙　② 결론　③ 가설　④ 학설　⑤ 주장

답안 ③ 가설

(2) 서답형 문항

문제

Q. 전기회로에 전류를 흐르게 할 수 있는 능력을 무엇이라고 하는가?

(　　)

답안 전압

2) 이해에 관한 평가

(1) 선택형 문항

문제

Q. 다음 중 전하량과 전류의 관계에 대한 설명으로 틀린 것은?(　　)

① 전하량은 전류의 세기와 시간과 관련이 있다.
② 저항이 강해지면 전류의 세기가 약해질 수 있다.
③ 전류가 셀수록 전하량도 증가한다.
④ 전류의 단위는 A(암페어)이고 전하량의 단위는 C(쿨롬)이다.
⑤ 전하량은 전류의 세기와 시간에 반비례한다.

답안 ⑤

(2) 서답형 문항

문제

Q. 옴의 법칙(Ohm's law)에 대하여 설명해 보시오.(단, 전류와 전압과 저항의 관계가 반드시 드러날 수 있도록 할 것)

답안 옴의 법칙(Ohm's law)은 도선에 흐르는 전류의 세기는 전압에 비례하고, 저항에 반비례한다는 것이다.

3) 적용에 관한 평가

(1) 선택형 문항

문제

Q. 다음 글의 하버의 업적과 관련 깊은 인간 생활의 변화는?(　　　)

> 독일의 과학자 하버는 높은 온도와 압력의 상태에서 질소와 수소를 촉매와 함께 반응시켜 암모니아를 생산할 수 있는 방법을 개발하였으며, 이를 통하여 질소 비료의 생산을 용이하게 하였다.

① 식량생산량의 증가　② 의료 산업의 발달
③ 건축공학의 발달　④ 전자와 통신기술의 발달
⑤ 생명공학 기술의 발달

답안 ①

(2) 서답형 문항

문제

Q. 큰 배가 물위에 뜨는 원리를 밀도, 중력, 부력의 개념을 사용하여 설명하시오.

답안 배가 뜨기 위해서는 배의 밀도가 물의 밀도보다 작아야 유리하며, 밀도는 부피에 반비례하기 때문에 부피가 큰 배는 물속으로 끌어당기려는 중력보다 물위로 뜨려는 부력이 클 때 가능하다.

7 평가문항의 실제(기술 · 가정)

1) 지식에 관한 평가

(1) 선택형 문항

문제

Q. UN조직 내의 산하 기구로서 환경활동을 촉진, 조정, 활성화하기 위하여 조직된 이 기구는?(　　　)

① WHO　② UNEP　③ OECD　④ FAO　⑤ ILO

답안 ②

(2) 서답형 문항

문제

Q. 다음 (　　　　)안에 들어가야 할 용어는?

> 우리 주위의 자원을 크게 두 분야로 분류한다면 물적 자원과 (　　　　)으로 나뉠 수 있다.

답안 인적 자원

2) 이해에 관한 평가

(1) 선택형 문항

문제

Q. 다음 중 환경 보전을 위한 노력과 거리가 먼 것은?(　　)

① 음식물 쓰레기를 줄인다.
② 재활용 물품을 재활용한다.
③ 재활용 용품을 분리 수거함에 잘 분리한다.
④ 환경 오염 물질 배출을 줄인다.
⑤ 환경 보전은 개인적 차원이 아니라 국가적 차원의 문제라는 태도를 지닌다.

답안 ⑤

(2) 서답형 문항

문제

Q. 다음 중 물적 자원과 인적 자원을 구분하고, 각각의 (　　)안에 해당되는 알맞은 기호를 써넣으시오.

Q-1. 물적 자원: (　　　　　)　　Q-2. 인적 자원: (　　　　　)

ㄱ. 태양열	ㄴ. 풍력	ㄷ. 반도체
ㄹ. 창의적 인재	ㅁ. 원자력	ㅂ. 자신의 능력과 적성

답안 Q-1. 물적 자원: (ㄱ, ㄴ, ㄷ, ㅁ)　Q-2. 인적 자원: (ㄹ, ㅂ)

3) 적용에 관한 평가

(1) 선택형 문항

문제

Q. 다음은 환경보전에 관한 수업 중 환경보전 실천 방법에 관한 교사의 질문과 학생의 대답 내용이다. 다음 중 환경보전 실천을 잘못 이해한 학생은?(　　　)

> 선생님: 지금까지 환경오염의 심각성과 이에 대한 환경보전의 중요성에 대해서 알아보았습니다. 여러분들은 환경보전을 위하여 어떠한 노력을 할 수 있을까요?

① 민수: 저는 물건을 아껴 쓰고 재활용하는 습관을 가지겠습니다.
② 용식: 가급적이면 음식물 쓰레기가 생기지 않도록 하겠습니다.
③ 현화: 경제 활성화를 위해서 다 쓰지 않은 공책을 버리고 다른 공책을 구입하겠습니다.
④ 미희: 바닷가에서 수영할 때 크림이나 바디로션 등의 사용을 줄이겠습니다.
⑤ 소희: 세계 환경보호단체나 봉사단체에 가입해서 환경보호활동을 하겠습니다.

답안 ③

(2) 서답형 문항

문제

Q. 환경 보전을 위해서는 자원을 재활용하는 실천이 매우 중요하다. 우리의 일상생활에서 환경을 보전하기 위한 자원의 재활용 방법 세 가지를 쓰세요.

답안 ① 음식물 쓰레기 재활용하기, ② 헌책 공유하고 활용하기, ③ 폐지 및 이면지 활용하기 등

8 평가문항의 실제(정보)

1) 선택형 문항

1. 다음 중 정보사회의 유망한 직업과 거리가 먼 것은 무엇인가? (3점)
① 증강 현실 전문가 ② 빅데이터 전문가
③ 음식 배달원 ④ 3D 디자이너
⑤ 의료 헬스 케어 전문가

2. 다음 중 미래에 사라질 가능성이 높은 직업으로 알맞지 않은 것은? (3점)
① 운전기사 ② 세무사
③ 운동경기 심판원 ④ 택배 서비스 종사자
⑤ 빅데이터 전문가

3. (　　)은(는) 살아있는 개인에 관한 정보로 이름, 주소, 전화번호 등 개인을 식별할 수 있는 정보이다. 다음 중 (　　)에 가장 알맞은 용어는? (3점)
① 주민등록번호 ② 개인정보
③ 민감정보 ④ 빅데이터
⑤ 저작권자

4. 다음 중 반드시 비용을 지불하고 사용해야 하는 소프트웨어의 유형은? (3점)
① 셰어웨어 ② 프리웨어
③ 상용 소프트웨어 ④ 개방형 소프트웨어
⑤ 오픈 소스

5. 다음 중 저작권에 대한 설명으로 올바르지 못한 것은?(3점)

① 문학작품 · 음악 · 미술 · 컴퓨터 프로그램 등과 같은 저작물에 대하여 저작자가 가지는 윤리를 말한다.

② 컴퓨팅 기기를 활용해서 만든 이미지 · 소리 · 동영상 등은 디지털 저작물이라 불린다.

③ 디지털 저작물은 누구나 인터넷을 통해 자유롭게 이용해도 된다.

④ 문화산업 발전 및 저작자의 인격 존중을 위해 저작권은 보호되어야 한다.

⑤ 저작권자의 허락을 받지 않고 저작물을 사용하면 저작권자는 손해배상을 요구할 수 있다.

6. 다음에서 설명하고 있는 것은 무엇인가? (3점)

금융과 기술이 결합한 서비스를 말하며, 페이 결재와 같이 빠르고 간편한 금융 서비스

7. 얼굴, 키, 몸무게, 지문, 홍채는 다음의 개인정보 유형 중 어디에 속하는가? (3점)

8. 다음에서 설명하고 있는 용어는? (3점)

사용자가 웹사이트에 접속할 때 생성되는 각종 정보를 담은 임시 파일

2) 서술형 문제

* 다음은 세 스프라이트가 대화를 주고받는 프로젝트이다.

대화의 순서는 - 고양이 - 나비 - 기사 순이며, 한번에 1개의 스프라이트만 일을 하도록 스크립트를 작성하려고 한다.

서술형 1. 기사 스프라이트의 빈 칸에 적당한 블록을 서술하시오. (7점)

서술형 2. 고양이 스프라이트의 빈 칸에 적당한 블록을 서술하시오. (6점)

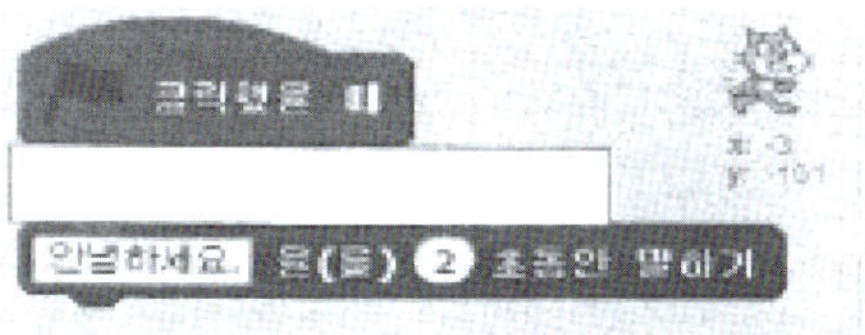

서술형 3. 나비 스프라이트의 빈 칸에 적당한 블록을 서술하시오. (7점)

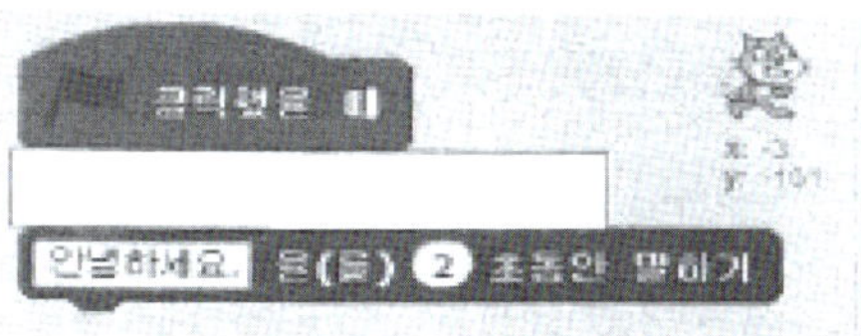

• 문항정보표 •

선다형 문항

문항 번호	내용영역	성취기준	난이도			배점	정답
			어려움	보통	쉬움		
1	정보사회의 미래와 직업	[9정01-01]정보기술의 발달과 소프트웨어가 개인의 삶과 사회에 미친 영향과 가치를 분석하고, 그에 따른 직업의 특성을 이해하여 자신의 적성에 맞는 진로를 탐색한다.			○	3	
2	정보사회의 미래와 직업	[9정01-01]정보기술의 발달과 소프트웨어가 개인의 삶과 사회에 미친 영향과 가치를 분석하고, 그에 따른 직업의 특성을 이해하여 자신의 적성에 맞는 진로를 탐색한다.			○	3	
3	개인정보	[9정01-02]정보사회의 구성원으로서 개인정보와 저작권 보호의 중요성을 인식하고 개인정보 보호, 저작권 보호 방법을 실천한다.		○		3	
4	소프트웨어의 유형	[9정01-02]		○		3	
5	저작권	[9정01-02]	○			3	
6	정보사회의 특성	[9정01-02]		○		3	
7	개인정보	[9정01-02]		○		3	
8	개인정보 보호	[9정01-02]			○	3	

서술형 문항

문항 번호	내용영역	성취기준	어려움	보통	쉬움	배점	정답
1	프로그래밍언어의 이해	[9정03-01]	○			7	
2	프로그래밍언어의 이해	[9정03-01]			○	6	
3	프로그래밍언어의 이해	[9정03-01]		○		7	

9 평가문항의 실제(영어)

1) 선택형 문제

1. 다음 대화의 밑줄 친 부분에 공통으로 들어갈 말은?(3점)

> Ellie : Nick, is _______ your little sister? She's really cute.
> Nick : Yes, she's my sister Kelly. She's seven years old.
> Ellie : Glad to meet you, Kelly.
> Nick : Kelly, _______ is my classmate Ellie.
> Kelly : Hi, Ellie.

① he ② it ③ this
④ that ⑤ these

2. 다음 대화 중 어색한 것은?(4점)

① A: Look at her! She's very fast. Who is she?
B: She's Sally Parker.

② A: Who is that girl with the long hair?
B: She's my friend Amy.

③ A: Who is the woman with the glasses?
B: She's thirteen years old.

④ A: Is your teacher the woman in the blue dress?
B: No, that's Paul's mother.

⑤ A: Do you live in this city?
B: Yes, I do.

3. 다음 글의 상황으로 볼 때 Ji Hoo의 말로 알맞은 것은?(2점)

Ji Hoo: Who is the girl with the long hair?
Woo Chan: She's my friend Ye Won.
Ji Hoo: (   )
Woo Chan: No, she's from France.

① How old is she?

② Is she your sister?

③ Where is she from.

④ Is she from the U.S.?

⑤ Does she live in Japan?

4. 다음 글을 읽고 빈칸□에 들어갈 문장으로 가장 적절한 것은?(4점)

G: Jason, we're making a school magazine, and we need your help.
B: Sure. What can I do for you?
G: ______□______?
B: No, I can't, but I can take good pictures.

① Can you take pictures?

② Can you draw cartoons?

③ How about taking pictures?

④ How about drawing cartoons?

⑤ Do you want cartoons?

5. 다음 글을 읽고 빈칸 (a)에 들어갈 공통된 단어로 가장 적절한 단어는?(4점)

Suho: Hi, Anna. What are you doing?
Anna: I'm (a)________ for the school festival.
Suho: Wow, you can dance like Michael Jackson.
Anna: Thank you, Suho.
Suho: Can you sing, too?
Anna: Of course, I can.
In fact, I'm also (a)________ some K-pop songs.
Suho: Really? Why don't you enter a K-pop contest? You can do it!
Anna: Thank you. My heart is already beating quickly.

① practice ② practicing
③ practiced ④ be practicing
⑤ be practiced

[6-8] 다음 지문을 읽고 물음에 답하시오.

[April 03] Painting Day

Today is the big day. We are all here for our wall painting. We are drawing school superheroes. The school cook is **(A)** a big magic spoon. The gym teacher is **(B)** over the school building. It's just amazing!

The wall painting is a big hit. Ⓐ**It** adds color and life to our school. Everyone **(C)** it. (a)[모든 학생들이 벽 앞에서 사진을 찍고 있다.] We are so proud of our work.

6. 윗글의 빈칸에 들어갈 단어들을 쓰시오(4점).

7. 윗글의 밑줄 친 문장 (a)를 영어로 쓰시오(4점).

8. 밑줄 친 Ⓐ가 가리키는 대상은?(3점)

2) 서술형 문제

1. 다음 글을 읽고 우리말을 참고하여 적절한 대답을 작성하시오.[4점]

Q: What are you doing?
A: [______________________________]
[나는 지금 축제를 위해 춤을 연습하는 중이야.]

조건1. 주어 동사를 포함한 완벽한 문장이어야 한다.
조건2. 현재진행형을 활용하여야 한다.
Answer:______________________________.

2. 다음 그림을 보고 주어진 한글을 영작하시오.(3점)

그들은 축구를 하는 중이다.

조건1. 주어 동사를 포함한 완벽한 문장이어야 한다.
조건2. 현재진행형을 활용하여야 한다.
Answer:______________________________.

• 문항정보표 •

선택형 문항

문항 번호	내용영역	성취기준	난이도			배점	정답
			어려움	보통	쉬움		
1	소개하는 표현	[9영02-08]개인 생활에 관한 경험이나 계획에 대해 묻거나 답할 수 있다.		○		3	
2	대화의 내용 파악	[9영02-08]개인 생활에 관한 경험이나 계획에 대해 묻거나 답할 수 있다.		○		3	
3	출신지 묻기	[9영02-06]주변의 사람, 사물에 대해 묻거나 답할 수 있다.			○	4	
4	질문에 적절한 대답 알기	[9영03-05]일상생활이나 친숙한 일반적 주제의 글을 읽고 필자의 심정이나 태도를 추론할 수 있다.		○		3	
5	단어의 의미 파악	[9영03-06]			○	3	
6	단어의 내용 파악	[9영03-04]			○	4	
7	영어로 표현하기	[9영03-06]		○		3	
8	가리키는 대상 알기	[9영03-02]			○	3	

서술형 문항

문항 번호	내용영역	성취기준	난이도			배점	정답
			어려움	보통	쉬움		
1	주어진 단어로 영작하기	[9영04-05]		○		4	
2	그림을 보고 영작하기	[9영04-03]일상생활에 관한 그림, 사진, 또는 도표 등을 설명하는 문장을 쓸 수 있다.	○			3	

출처: OO중학교 2019. 1학년 1학기 중간고사(영어)에서 발췌.

참고문헌

강봉규, 박성혜, 최미리(2014). **교육과정 및 교육평가**. 서울: 태영출판사.
교육부(2015). **중학교 교육과정 총론**. 교육부 고시 제2015-74호.
교육부(2016). 2015 개정 교육과정에 따른 평가기준.
교육부 · 한국교육과정평가원(2017). 과정중심평가.
구강현 외(2012). **교육심리학**. 서울: 동문사.
구병두 외 13인(2015). **교육평가**. 경기: 양서원
권대훈 외(1997). **교육평가**. 서울: 학지사.
권순달, 오성삼(2016). **교육평가**. 경기: 양서원.
김대현 외(2006). **교육과정 및 교육평가**. 서울: 학지사.
김대현, 김석우(2011). **교육과정 및 교육평가**. 서울: 학지사.
____________(2013). **교육과정 및 교육평가**. 서울: 학지사.
김도진 외(2015). **교육학개론**. 경기: 창지사
김석우, 김대현(2001). **교육과정 및 교육평가**. 서울: 학지사. p. 301.
김성훈 외(2018). **예비교사를 위한 교육평가**. 서울: 학지사.
김진규(1987). 교사를 위한 정의적 특성의 평가방법. 서울: 중앙교육평가원.
______(2014). **교육과정과 교육평가**. 서울: 동문사.
박도순 외 16인(2012). **교육평가: 이해와 적용**. 경기: 교육과학사.
박도순 외(2011). **교육평가**. 서울: 문음사.
______(2012). **교육평가**. 경기: 교육과학사.
박철홍 외(2013). **현대 교육학개론**. 서울: 학지사
박휴용(2018). **교육평가의 이해**. 경기: 정민사.
배호순(2008). **교육프로그램평가론**. 서울: 원미사.
변인섭(2000). 학급내 인기아와 비인기아의 성격특성, 학업성적, 및 비학업적 자아개념비교. 충북대학교 교육대학원 석사학위논문.
변창진, 최진승, 문수백, 김진규, 권대훈(1996). **교육평가**. 서울: 학지사.

성태제 외(2012). **최신 교육학개론**. 서울: 학지사.

성태제(2002). **현대교육평가**. 서울: 학지사.

______(2019). **교육평가의 기초**. 서울: 학지사.

송인섭 외 10인(2017). **교육평가**. 경기: 양서원.

송인섭 외(2013). **교육평가**. 서울: 양서원.

________(2014). **교육학개론**. 서울: 동문사.

신정철(1989). **교육학**. 서울: 한국교육기획.

이병환(2018). **교직실무**. 경기: 정민사.

이종승(2011). **현대교육평가**. 경기: 교육과학사.

______(2012). **현대교육평가**. 경기: 교육과학사.

이종철(2019). **예비교사를 위한 교육평가의 탐색**. 경기: 정민사.

장상호(2009). **학문과 교육(중II): 교육본위의 삶**. 서울: 서울대학교 출판문화원.

전라남도교육연구정보원(2018). 중등 과정중심평가 교수 –학습 지원 자료. 전남: 전라남도교육연구정보원.

전상준 외(2018). **교육학개론**. 서울: 동문사.

________(2018). **교육학의 이해**. 경기: 정민사.

전태련(2018). **함께 하는 교육학최신 교육학개론**. 서울: 캠버스.

정종진(2018). **교사를 위한 교육평가**. 서울: 태영출판사.

조호제(2017). 과정중심평가의 이해와 실제. 2017 학습과 성장을 돕는 과정중심평가 역량 강화 연수 자료. 전라람도장성교육지원청.

조화섭(2004). **조화섭교육학**. 서울: 교육마을.

최철용 외(2014). **알기 쉬운 교육평가**. 경기: 양서원.

하영철 외(2004). **S・S 교육학**(이론편). 서울: 동현출판사.

한국교육과정평가원(2013). **성취평가제의 이해**. 서울: 예원기획.

한국교육과정평가원(2015). **2015 개정교육과정 총론 해설서 개발 연구**. 서울: 고은프린팅.

________________(2016). **과정을 중시하는 수행평가 이렇게 해요**. KICE Brief. vol 5.

________________(2017). **과정평가제의 이해**. 서울: 한솔애드컴.

한민석(2016). **교육학**(하). 경기: 정민사.

______(2018). **교육학개론**. 경기: 공동체.

황정규(2000). **한국 교육평가의 쟁점과 대안**. 경기: 교육과학사.

Allan C. Ornstein & Daniel U. Levine(1998). *Curriculum: Foundations, Principles, and Issues*, 3rd ed. (Boston: Allyn and Bacon). 김성봉 외 역(2007). **교육학개론**. 서울: 아카데미프레스.

Bloom, B, S.(1981). *Evaluation to Improve Learning*. McGraw-Hill Inc. N.J., 115-123.

Hammond, R. L.(1973). Evaluation at the local level. In B. R. Sanders, & J.R. Sanders, *Educational Evaluation: Theory and Practice*. Belmont, CA: Wadsworth.

Oosterhof, A.(2001). *Classroom Applications of education Measurement*(3rd ed). N.J.: Prentice - Hall.Inc.

Provus, M. M.(1971). *Discrepancy evaluation for educational program improvement and assessment*. Berkeley, CA: McCutchan.

Randall B. Parsons(2001). *Ten Principles for Principles, Principal*(March 2001), pp.49-51.

Robert F. Mager(1997). *Preparing Instructional Objectives, rev.* 3rd ed. (Atlanta: Center for Effective Performance).

Scriven, M.(1967). The Methodology of Evaiuation. In R. W. Tyler, R. Gagne, & M. Scriven Eds., *Perspectives on Curriculum Evaluation, AERA Monograph Series on Curriculum Evaluation*, NO.1., Chicago: Rand McNally, 39-83.

Stufflebeem, D. L.(1973). Alternative approaches to educational evaluation. In W. J. Popham(Ed.), *Evaluation in education: Current applications*, 88(pp.95- 144). Berkeley, Ca: McCutchan.

Tyler, R. W.(1949). *Basic Principles of Curriculum and Instruction*. Chicago: University of Chicago Press.

W. James Popham, *Modern Educational Measurement*, 2nd ed. (Englewood Cliffs, N.J. : Prentice-Hall, 1990).

찾아보기

/ 기타 /

저자소개

서동기(徐東基)

국립경상대학교 대학원 교육학전공 교육학 박사

현) 순천대학교, 경상대학교, 전남대학교 외래교수

저서) 교육방법 및 교육공학(공저, 경상대학교출판부, 2014), 교육심리학(공저, 동문사, 2016), 교육철학 및 교육사(공저, 정민사, 2017), 인간과 교육(공저, 정민사, 2018), 교육학의 이해(공저, 정민사, 2018), 진로와 직업 워크북(공저, 정민사, 2019), 교육심리학(공저, 정민사, 2019).

엄재춘(嚴在春)

국립순천대학교 대학원 교육학전공 교육학 박사

현) 곡성교육지원청 Wee센터전문상담교사, 참심리상담센터 부소장

전) 국립순천대학교 교육대학원 강사

저서) 에니어그램과 행복(공저, 한국에니어그램연구소, 2014), 교육학개론(공저, 동문사, 2015), 학교폭력예방의 이론과 실제(공저, 교육과학사, 2016), 교육학의 이해(공저, 정민사, 2018), 진로와 직업 워크북(공저, 정민사, 2019), 교육학개론(공저, 정민사, 2019), 교육심리학(공저, 정민사, 2019).

조남미(趙南美)

국립순천대학교 대학원 교육학전공 박사 수료

현) 순천금당중학교 수석교사, 서울대학교 행복연구센터 객원연구원, (사)행복가교(행복을 가르치는 교사들의 모임) 이사

전) 순천대학교 교육대학원 외래교수

저서) 교육학개론(공저, 동문사, 2015), 교육학개론(공저, 동문사, 2019).

정수애(丁秀愛)

국립순천대학교 대학원 교육학전공 박사 수료

현) 여수시청 공무원, 한영대학교 외래교수

저서) 교육학개론(공저, 동문사, 2015), 교육학개론(공저, 동문사, 2019).

조혜영(曺惠永)

국립순천대학교 대학원 교육학전공 박사 수료

현) 참성장심리상담연구소 소장

전) 국립순천대학교 인력개발원 전임상담원, 순천대학교 외래교수

저서) 교육학개론(공저, 동문사, 2015), 교육심리학(공저, 동문사, 2016), 교육철학 및 교육사(공저, 정민사, 2017), 인간과 교육(공저, 정민사, 2018), 교육학의 이해(공저, 정민사, 2018), 진로와 직업 워크북(공저, 정민사, 2019), 교육학개론(공저, 동문사, 2019), 교육심리학(공저, 정민사, 2019).

김회엽(金會葉)

국립순천대학교 대학원 교육학전공 박사 수료

현) 전라남도여수교육지원청, 한국지역사회교육문화 · 연구소 부소장

전) 순천대학교 외래교수

저서) 교육학개론(공저, 동문사, 2015), 교육심리학(공저, 동문사, 2016), 교육철학 및 교육사(공저, 정민사, 2017), 인간과 교육(공저, 정민사, 2018), 교육학의 이해(공저, 정민사, 2018), 진로와 직업 워크북(공저, 정민사, 2019), 교육학개론(공저, 동문사, 2019), 교육심리학(공저, 정민사, 2019).

홍지명(洪志明)

전남대학교 대학원 유아교육학전공 교육학 박사

현) 세한대학교 유아교육과 교수

전) 전남도립대학교 초빙교수, 전남대학교 외래교수

저서) 영유아교과교재연구 및 지도법(공저, 양서원, 2012), 보육실습(공저, 상아탑, 2016), 인간과 교육(공저, 정민사, 2018), 교육학의 이해(공저, 정민사, 2018), 진로와 직업 워크북(공저, 정민사, 2019), 교육심리학(공저, 정민사, 2019).

정두배(鄭斗培)

세한대학교 대학원 경영학전공 경영학 박사

광신대학교 대학원 신학전공 철학 박사

현) 세한대학교 교수, 미래행복평생교육원 원장, 한국지역사회교육문화 · 연구소 부소장, 진로직업컨설팅연구소 부소장

저서) 뉴 패러다임 리더십(단독, 경문사), 혁신적 인적자원관리(단독, 경문사), 사회과학연구방법론(단독, 경문사), 중국경제발전론(단독, 경문사).

신봉호(申鳳浩)

국립순천대학교 대학원 교육학전공 교육학 박사

현) 순천팔마중학교 교장, 순천대학교 겸임교수, 진로직업컨설팅연구소 자문위원회 위원장

저서) 교육학개론(공저, 동문사, 2015), 교육심리학(공저, 동문사, 2016), 교육철학 및 교육사(공저, 정민사, 2017), 인간과 교육(공저, 정민사, 2018), 교육학의 이해(공저, 정민사, 2018), 학부모와 함께 하는 학교교육(공저, 전라남도교육연구정보원, 2013), 교육학의 이해(공저, 정민사, 2018), 진로와 직업 워크북(공저, 정민사, 2019), 교육학개론(공저, 동문사, 2019), 교육심리학(공저, 정민사, 2019), 학교상담의 이론과 실제(정민사, 2019).

전상준(田尙準)

국립순천대학교 대학원 교육학전공 박사 수료

현) 청암대학교 외래교수, 한국지역사회교육문화 · 연구소 소장, 진로직업컨설팅연구소 소장

저서) 교육학개론(공저, 동문사, 2015), 교육심리학(공저, 동문사, 2016), 교육철학 및 교육사(공저, 정민사, 2017), 인간과 교육(공저, 정민사, 2018), 교육학의 이해(공저, 정민사, 2018), 진로와 직업 워크북(공저, 정민사, 2019), 교육학개론(공저, 동문사, 2019), 교육심리학(공저, 정민사, 2019).

교육평가

초판 1쇄 발행 / 2019년 12월 27일
초판 2쇄 발행 / 2021년 01월 30일

•

공저자 / 서동기 · 엄재춘 · 조남미 · 정수애
조혜영 · 김회엽 · 홍지명 · 정두배
신봉호 · 전상준
발행인 / 이 중 수
발행처 / **동 문 사**

•

서울특별시 서대문구 홍제원 1길 12
(홍제동 137-8)
Tel : 02)736-3718(대), 736-3710, 3720
Fax : 02)736-3719
등록번호 : 1974.04.27. 제9-17호
가격 : 18,000원

•

ISBN : 979-11-6328-141-2(93370)
E-mail : dong736@naver.com
www.dongmunsa.com